龙泉文史资料第三十三辑

济川桥文史资料汇释

龙泉市政协文化文史和学习委员会　编

吴锦荣　编著

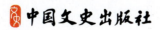
中国文史出版社

济川桥

米芾书额《济川桥》（集字）

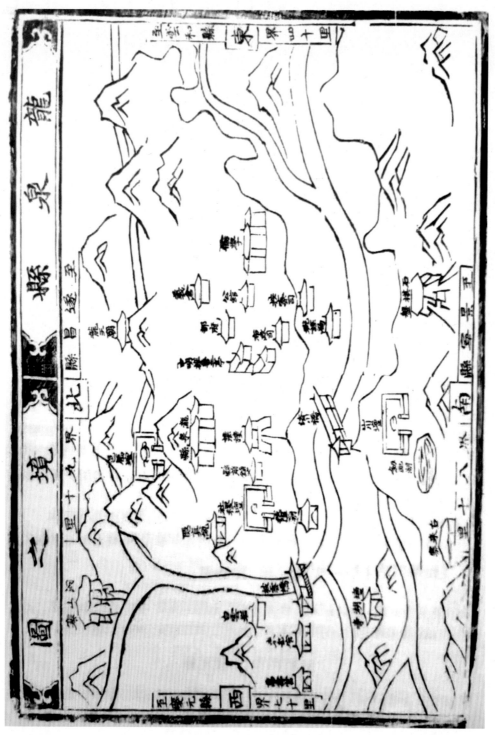

明代"龙泉县境图"上的济川桥(选自明成化《处州府志》)。图中横跨大溪的济川廊桥图例,说明已成为龙泉的重要地理标志。

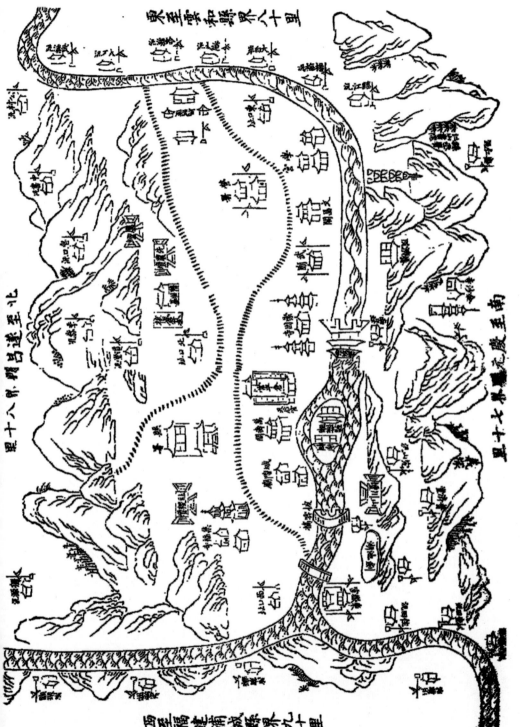

清乾隆时"龙泉县境图"上的济川桥（选自清乾隆《龙泉县志》）。此图上已分别标示济川桥和建于留槎洲上的留槎阁图例，说明其时其时已桥、阁分离。

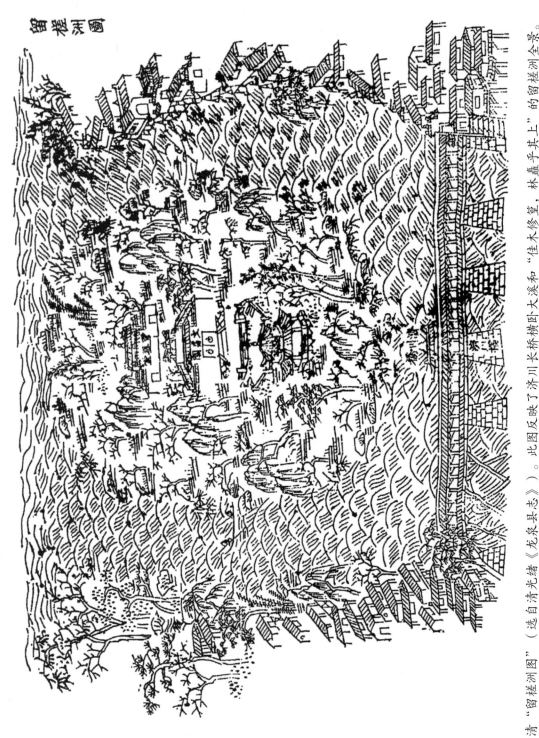

清"留槎洲图"（选自清光绪《龙泉县志》）。此图反映了汆川长桥横卧大溪和"佳木修篁，林蠹于其上"的留槎洲全景。

瀟川橋題贈集

板藏花一

山房

朝议大夫鹤堂公像（选自《济川桥题赠集》）。李浚，字巨川，号鹤堂，浙江龙泉人。清嘉庆前后在世。嘉庆十年（1805），李浚出资重建济川桥，备受县民赞颂。

况此普濟人功德　正難量美惠慊人心千古懷不忘

林學博　西溪撝

一溪邑前橫勇涉憚深阻之子懷令圖解憂事豪華
臥波構長橋龍影落洲渚下築磐石壁上架神木目
百間廣屋聯千尺危樓起楯檻魚鱗張檐阿鳥翼駭
驚見疑鬼神為若匠慶鑱功成得壯觀來往歡士女
藉藉動眾羨相與稱不朽安知妒義八代施竟無語

蔡明經　玉溪士豪

龍泉有要津長虹垂南北歲久日催殘行人多悲慨

我邑有李君立性真奇特稍展棟樑才長江遂起色
百丈跨雙溪上與青霄遍疑有神仙扶成功何太亟
城叟與村農奔走無休息昔日何趑趄今日何自得
可作甘棠思還當金玉式視彼憒憒徒夢中亦未識
賢哉我李君千秋欽大德

姚文學　琴牧潤梧

俗人誇素封志士抱利濟立達有同情斯理誰歔欷
覯阻唯澤居煙水渺無際客與學操舟風雨行動涉
昔人闢通津杠梁有成制木石剝蝕時扶傾與補俶

《济川桥题赠集》中的题诗。是集共收录记文6篇，题诗78首。

龙泉济川桥上内景图。陈万里摄（选自1928年第494期《图画时报》）

龙泉济川桥。温州摄影家邵度摄（选自1931年第23期《文华》杂志）

龙泉济川桥。民国21年（1932年）4月摄。

龙泉济川桥（选自《浙江风景线》图册，杭州中正书局1936年出版）

龙泉济川桥为浙省各大桥之一。徐西唐摄（选自1936年第2卷第2期《清华校刊》）。
作者在龙泉还同时摄有欧冶子铸剑地秦溪山麓的《剑池亭》。

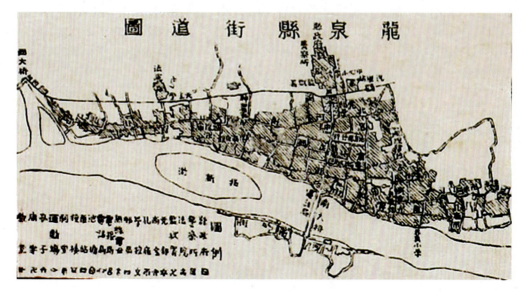

民国时期"龙泉县街道图"中的南大桥(选自 1938 年龙泉县政府制印《龙泉全图》)。
图中所示南大桥即为横跨大溪之济川桥,可见早在民国时期,就已有南大桥之称了。
此图中亦已将披云桥称为西大桥。

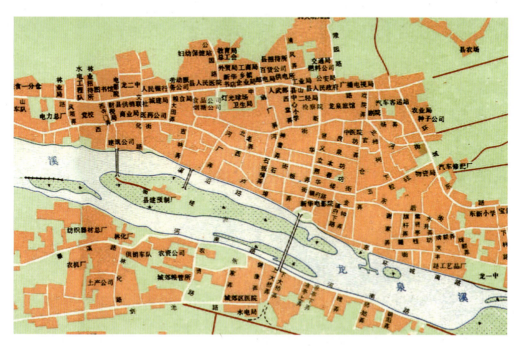

"龙渊镇街区图"中的南大桥(选自 1984 年《浙江省龙泉县地名志》)。图中的留
槎洲东延至金钟弄、官仓弄一带,显示了当时留槎洲位置。

1964年建成的南大桥(选自1984年《浙江省龙泉县地名志》)。此照片摄于1980年前后。

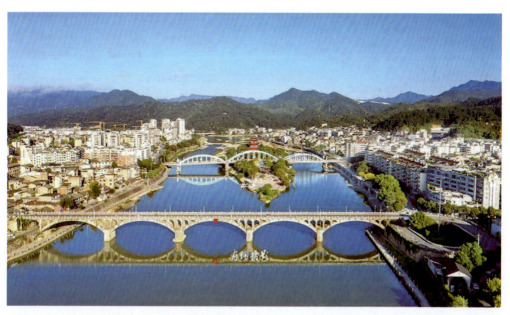

今日南大桥（济川桥）全景。张有钢摄。

苏轼题匾"留槎阁"。据苏轼书法集字。

前　言

"济川桥跨双溪,枕中洲,垂南北两岸,米元章书额,实闽浙之要冲,车书通达之所。而山川秀丽,景物繁阜,皆于此而得焉";"留槎阁在县治南济川桥上,宋苏轼书榜,陈舜俞题咏,时谓阁之雄伟,榜之遒劲,咏之警迈,号三绝。"济川桥是龙泉古城宋韵文化和物质文明的杰出代表。

"济川桥高约四丈,长七十二丈,广一丈六尺,基固深峙水底,架木树石,排立如墉,厚以盖甃,如蹈康庄;为屋七十三间,中矗以阁,旁缀以亭,雄伟庄丽,诚一邑之胜观。"有称中国第一廊桥,是历代龙泉人民勤劳勇敢和创造性智慧的结晶。

济川桥始建于北宋,在千年历史长河中,历经风雨沧桑,或毁于水患,或毁于火灾,或毁于兵燹,兴废无常,倾而创修,屡毁屡建者达数十次之多,是龙泉人民追求美好生活,与各种灾害斗争不屈不挠精神的象征。

济川桥所遗存的历代文献资料,其所蕴含的古代龙泉政治、经济、文化、科技、民俗等内容,展示了古代龙泉丰富多彩的社会生活,是龙泉人文风情的缩影和社会发展历史的见证。

龙泉济川桥大事记

△济川桥向在县治大市,原名清化,南跨双溪,枕中洲,垂南北两岸。

按:关于济川桥始建于何时,文献中无明确记载,有人认为如此"费繁且厚"之工程,最早似应是建于北宋早期。

△宋太宰何执中易名济川,米元章题额。

按:邓小南《何澹与南宋何氏家族》一文称:"济川桥更名之事,应在何执中任宰相之后。"考何执中于北宋神宗熙宁六年(1073)登进士第;历任台州判官、知海盐县、太学博士等职。哲宗绍圣四年(1097),选为诸王府记室参军,元符元年(1098)转侍讲。徽宗即位,迁中书舍人、兵部侍郎,进工部吏部尚书兼侍读。崇宁四年(1105),拜尚书左丞。大观元年(1107)迁中书、门下侍郎;大观三年(1109)进尚书左仆射兼门下侍郎,与蔡京并相。书法家米元章(1051—1107),与何同朝为官,多有交往。综上所述,何执中请米元章为济川桥书额,应是在崇宁四年(1105)前后。

△留槎阁在济川桥上,宋苏轼书榜,陈舜俞题诗,时谓阁之雄伟,榜之遒劲,咏之警迈,号"三绝"。

按:据苏轼年谱记载,苏轼曾两次在杭州任官:一是在熙宁四年(1071)至熙宁七年(1074),被授为杭州通判;二是在元祐四年(1089)至元祐六年(1091),苏轼任龙图阁学士、知杭州。所以苏轼为留槎阁书榜,陈舜俞(1026—1076)题《留槎洲》诗,应在苏任杭州通判时的1071年至1074年间。

△宋绍兴二十八年（1158），济川桥重建，邑人季南寿记，太师何偁书榜文。

按：济川桥为流寇烧毁，几欲重建，屡资金难集。邑人张津为南宋乾道中特奏名进士，以太学之英才身份，慷慨倡议捐资集资，各界人士响应，经整整一年的建造，于绍兴二十八年冬十月竣工落成。时龙泉绍兴五年进士季南寿应张津之请作《留槎阁记》，谓"吾邑有济川桥焉，桥之中涌沙成洲，而附桥为阁，杰立于洲之上也"。何偁（1121—1178），字德扬，号玉雪，龙泉人。高宗绍兴二十七年进士。孝宗隆兴元年为太常博士。淳熙五年卒，赠太师、楚国公。

△济川桥因岁久而倒塌，宋嘉泰二年（1202），龙泉知县袁倬委派僧人智伦主持改造修茸，规模更为宏壮，桥屋增加至六十余间。

按：宋邑人张永堂《重建济川桥赋》谓济川桥"长虹绵亘，以断以连。老蜃吞吐，非霞非烟。磨斗牛兮欧冶剑之余气，映奎壁兮老坡笔之如椽。"

宋人屡有咏济川桥诗，除陈舜俞、何之奇，还有季宗仪、陈赓、鹿昌运、陈嘉猷、吴补之、张珽、杨介、吴势卿、真山民等多人。

△元泰定元年（1324）夏，洪水毁济川桥一桥墩，上有十一间屋随水漂去。时达鲁花赤兀都蛮主政，金沙方丈宗珏、资福东堂本胜倡率舍财，官民合力，于同年十月桥修复。陈雷撰《济川桥记》记其始末。

按：元邑人王毅（1304—1355）有诗《题苏轼所书济川桥留槎阁》，"簾幕天香桂子秋，白沙翠竹护中洲。平分风月双溪水，高摘星辰百尺楼。铸剑空怀今古迹，留槎不碍去来舟。虹桥可接天河路，我欲梯云汗漫游。"描写了当时济川桥秋桂飘香，阁高百尺，舟楫往来，行人漫游的情景。

△元至元四年戊寅（1338）济川桥毁于火，后皆是简易便桥供渡河。

按：清乾隆《龙泉县志》称"元戊寅火，后皆草桥"。查元代自1271年至1368年间，先后有两个戊寅年，即元世祖至元十五年（1278）、元惠宗至元四年（1338）。而元代仅有元泰定帝泰定元年（1324）一次修建济川桥的记载，故所称的"元戊寅火"，应是指元惠宗至元四年（1338）。

△明成化八年壬辰（1472），济川桥火灾。

按：据《县志》载："成化八年壬辰八月二十三日未时，火起叶善增家，延烧二千余家及济川桥。"

△明正德八年癸酉（1513），济川桥又火灾。

按：据《县志》载："正德八年七月二十二日，火起县前店，延烧总铺、谯楼、按察司、济川桥及民居二千家。"

△明嘉靖戊子（1528）春，龙泉知县朱世忠主持重建。后朱调任福州，由其下属吴克泰继续完成。

按：明人张裕《济川桥记》记载此次重建："甃石以固址，度木以植楹，架扛而护楯，叠墩使高以防水患，砌墙间市以虞火灾，斧斤板干子，来聿兴矣。己丑（1529）冬十有二月落成，仍名曰济川桥。纵则一千尺有奇，横则几四十尺，崇如塘而加倍，企如翼而翚飞。阁仍曰'留槎'，俯仰峦壑，吞吐光景，隐若鳌负，望如蓬瀛，功何懋哉。繇是往来称便，咏歌游息于上。"

△明万历二十七年己亥（1599），洪水为灾，桥仅存十之一二。

△明万历二十七年（1599）十月，知县章文标主持重建，于次年（1600）十月竣工。

按：明龙泉人王应宣《济川桥记》载，重建之桥复取苏轼所书的旧匾额，其题字加以油漆，规模轩昂开朗，气宇不凡，望之如瀛洲仙岛。计算造桥的时日，正好一周年。考察建桥费用白金三千多两。

△明万历四十四年丙辰（1616），又洪水，知县陈应芳加以修葺。

△明崇祯元年（1628），知县郑奎光修，自为记。

△明崇祯年中（约1636年前后），又倒塌。

△清顺治六年（1649），知县徐可先重建济川桥，并亲为记。

按：徐可先撰《济川桥记》，称重建之桥有桥屋九十，其中以居佛像。

又：清《嘉庆重修一统志》卷三百五《处州府》载："济川桥，本朝顺治六年（1649）重建，改名清化。"但徐可先《济川桥记》未有提及改名之事。

△清顺治十八年（1661），济川桥又倒塌。

△清康熙九年（1670），浙江巡抚范承谟到龙泉，捐银盘二面，主缘重修，士民为表达感激之情，改名盘桥。范承谟撰《题僧人等惟募修盘桥缘簿疏》为记。

按：范承谟于康熙七年（1668）任浙江巡抚。这也是有确切记载古代曾到过龙泉的省一级官员。他在《题僧人等惟募修盘桥缘簿疏》中称：济川桥历宋元明之代，屡有兴废。民众苦于涉水渡川很久了，南北一水相隔竟成他乡。顺应民意募资修桥，济川桥重建而成，造福于龙泉百姓。

△清康熙二十五年（1686），发大水，大桥和留槎阁全随巨浪吞没而去。

△清康熙四十五年（1706），知县金辉在崇因寺（东大寺）下首移址重建济川桥。时大寺口潭水深，难于筑桥墩，尽一县之力，仅能填筑。

按：济川桥移建于崇因寺下首，不仅工程难度增加，而且失去原有桥"跨双溪，枕中洲"的特点。相传这是庠生祝昌龄的主张，人们都怪罪于他。

△清康熙五十一年壬辰（1712），桥又倒塌。迄甲午（1714）未修。

△清康熙五十四年乙未（1715），时任浙闽总督范时崇，继承其父范承谟遗志，自福州发银五十两助修。知县钟文英委派僧人通秀、庠生叶方荣等劝募。丁酉（1717）落成。

△清康熙五十七年（1718），又有桥墩被洪水冲垮，代理知县陈世超修葺。

△清雍正五年（1727），知县孟耀增修。

△清雍正九年（1731）六月，溪水冲坏大桥。

△清乾隆二年（1737），知县游焖委派金沙、崇因二寺僧，绅士林浩等募款修葺。

△清乾隆十五年（1750），知县李肯文于桥西数百步，灵洲之上别建留槎阁，其上祀文昌之神。置田租十五石，以供香火。后因李肯文调任，尚未竣工。

△清乾隆十六年（1751），桥墩一座倒塌，僧人正遇募修。

△清乾隆二十二年（1757），知县朱绶劝施落成。

按：邑人季汝明有题为《乾隆戊寅喜济川桥落成》诗，似说明此次重建济川桥是在戊寅年（1758）落成。其诗云："病涉无须叹水滨，长桥影落彩虹新。斧斤初罢云中响，行旅交驰镜里人。石马烟飞槎阁雨，金鳌浪长剑川春。倚阑此日真图画，两岸人家笑语频。"

△清乾隆二十四年（1759）五月，大水，桥复毁。

△清乾隆二十七年（1762），知县苏遇龙详请重修。

△清乾隆三十六年（1771），复毁。

△清乾隆四十三年（1778），教谕陆国栋捐俸修造留槎阁，绅士增田产修祭。

按：陆国栋撰《重举留槎阁 文帝春祀序》一文称：龙泉留槎阁位据灵洲之上，阁高耸上达霄汉，宛如是灵龟所负，向来供奉文昌帝君。登留槎阁凭栏一望，溪水湾环双涧，四周山峦层层，其气象景物，皆献纳于一阁之中，与蓬莱和瀛洲的玉宇仙境不相上下。龙泉人才最盛于宋代，有政事何琬，文章叶涛；至元明间，如王刚叔、叶世杰、章三益诸先哲，皆以道德功业而著称于儒林，光辉于史册。今山川如昨，景物依然，余韵流风，更久不灭，当必有学识精粹之儒者和具大德之人，起而继承和接续这美好传统，施展文采，铺陈辞藻，获取科名，皆是得自于留槎洲的祥瑞。

△清嘉庆十年（1805），邑绅李浚独资重建。复移回原桥址（留槎洲下址），砌石为墩，高约4丈，宽1丈6尺，长70余丈，中架巨木，桥面铺砖，上盖瓦屋73间，用工28000余，耗白银14200有奇，历时两年竣工。

按：自康熙四十五年（1706），移址在崇因寺下首建桥，至李浚复移回原址重建，恰好整整100年。由此亦可见李浚对重建济川桥的精心考虑。侍讲学士梁同书为此特撰《重建济川桥记》，云："李浚，慨然独任，筑石桥墩，固深峙水底，架木树石，排立如高墙，桥面铺上厚砖，似行走于康庄大道。有屋七十三间，中间蟲以阁，两旁桥头缀以亭，重建如旧，但更加庄丽。"

△清嘉庆十二年（1807），秀才汤瑾出资重建留槎阁于留槎洲上，用缗3200有奇。

按：端木国瑚《重建留槎阁记》称：宋代跨洲双流为桥，桥之中为杰阁，今距其时逾八百载，洲之桥阁，波起波灭……嘉庆十年（1805）夏，明经李浚出家资建桥，认为以桥在早先的原址为宜，仍移建于留槎洲之东。桥既然与洲相离，洲上之阁亦不能合于桥上。对此，秀才汤瑾直言："溪之便利在于桥，洲之胜景在于阁。溪有桥而洲无阁，就像官员有博带而没有官帽。"于是他独家出资，在嘉庆十一年（1806）六月始，重建留槎阁。于次年八月二十八日落成。

△清嘉庆二十五年（1820）七月二十二日，洪水为灾，上游竹木蔽江漂来，遂倾倒二桥洞，流去桥屋8间。李浚又用银380余两修建。

△清道光九年至十年（1829—1830），李浚之子李存耕，为加固修建，出资白银4100余两。

△清道光十一年（1831）五月，连日淫雨，波浪奔腾，济川桥第五石墩冲毁，墩上房屋15间亦尽付东流。李存耕又捐银1600余两，自五月二十七日兴工，重砌石墩架大木，至十二月二十二日竣工。

△清道光十八年（1838），时人咏李浚父子修济川桥题句，由李浚之孙李忠昭编次为《济川桥题赠集》，镌版印行。

△清咸丰八年（1858）七月间，太平军石达开部经龙泉，与清兵交战，毁大桥。继后桥墩被水毁仅存其三。

△清同治六年（1867），处州知府清安到龙泉，士民公请重建济川桥，由知县吴光华、顾国诏先后主持，共集资20000多两，增桥墩一座，其余按原样建造，经一年多告成。清安撰《重建济川桥记》。

△清同治七年（1868），时留槎阁因年久倾斜，木料腐蚀剥落，顾国诏用建桥结余款进行整修，添造前堂。又在留槎阁前建"剑泉亭"，增添名胜风景。

△清光绪戊寅（1878）仲春，因《济川桥题赠集》镌版毁于兵燹，由李忠昭之子李森英重镌版印行。

△清光绪二十六年（1900）至民国12年（1923），时有大水冲毁桥梁、木椽，屡为修理加固。

△民国28年（1939）6月29日，暴雨泛滥，第四石桥础与第五石桥础间之础脚平铺石，被洪水冲洗长约5丈，宽约10丈，深约丈许。由余荣记营造厂修复。

△民国29年（1940）5月15日，日军轰炸机在县城投炸弹，一弹命中济川桥，该桥北段第20间起，桥屋7间全被炸毁。省建设厅拨款修理。

按：一说"日机3架炸毁自北向南的第29、30两间桥屋，当年修复"。

△民国31年（1942）10月16日下午3时，避居桥上难民失火，毁桥193米，桥屋72间（连观音亭73间）。

按：一说救起南段桥头4间桥房。

△同年11月，县政府成立筹建济川桥委员会，向各界劝募建桥资金。

△民国 32 年至 33 年（1943 — 1944）间，县长徐渊若主持，在原址修铺木桁架桥 1 座，以恢复交通。1944 年 10 月，徐渊若作词一首《水龙吟·济川桥落成感赋》。

△民国 33 年（1944）4 月 6 日洪水，竹木壅塞，冲毁桥北端 5 孔。

△民国 34 年（1945）6 月间，又毁 1、2、3、4、6 孔，并石墩 1 座，桥梁毁坏。行人往来在官仓弄渡口摆渡过河。

△民国 36—37 年（1947—1948），在原大桥下游搭便桥过河。

△中华人民共和国成立后，于 1952 年冬，架设浮桥 1 座。

△ 1957 年春，浮桥又遭水毁。

△ 1959—1964 年期间，国家拨款 137.14 万元，在原址兴建四墩五孔石拱桥，全长 209 米，宽 10 米，桥高 14.78 米，1964 年 12 月落成，名南大桥。2001 年 8 月 10 日，复名济川桥。

目　录

上篇　历代文献记载

一、史志记载

下篇　济川桥题赠集

重建济川桥题赠集

四言古

五言古

七言古

步原唱韵七言律

续修济川桥题赠集

五言古

七言古

特　稿

上篇　历代文献记载

　　本篇收录有关济川桥及留槎阁的历代文献资料，上自宋代，下迄民国时期；附录中华人民共和国成立后新建的南大桥史料。按文献的年代或作者卒年先后为排序。包括"史志记载"34条、"历代文选"11篇、"历代咏诗选"36首。其资料之丰富，内容之翔实，为龙泉专题史中所少有。

　　所收录的每一条目，均注明文献资料来源，并根据内容冠以醒目的小标题。凡古文断句标点、订正繁体、异体字，为方便读者阅读，采取夹注的形式，同时配上白话"意译"。对古诗词则主要是作者简介，疑难词语或典故的解释，视情作简要的解读或提示。

一、史志记载

坡书龙泉"留槎阁"

（袁毂）元祐五年（1090）倅（副官，例"郡倅""县倅"）杭州，东坡为郡守（指元祐四年〈1089〉至元祐六年〈1091〉间任杭州知府），相得甚欢，有迓（迎接）新启事（陈述事情），坡书龙泉何氏留槎阁，记介亭唱和诗，坡次韵二诗。

引自南宋·楼钥《攻媿集》卷七七《跋袁光禄（毂）与东坡同官事迹》

【意译】

袁毂在宋元祐五年（1090）任副官于杭州时，东坡任杭州知府，两人相处得非常融洽欢乐，屡有迎新唱和之作。东坡为龙泉何才翁书"留槎阁"匾额，有记介亭唱和诗，苏东坡次韵诗二首。

【注释】

楼钥（1137—1213），字大防，自号攻媿主人。明州鄞县（今浙江宁波市）人。宋孝宗隆兴元年（1163）进士，官至翰林学士，升同知枢密院事，进参知政事。学识渊博，文章典雅。有《攻媿集》一百十二卷。今据《四库全书》本录文。

坡公为书"留槎阁"

王去非侍郎为作序，言括有何才翁，隐是溪，坡公为书"留槎阁"。

引自南宋·刘克庄《后村大全集》卷一一题张簿尉《槎溪集》

【意译】

王去非侍郎为《槎溪集》作序，说括苍（处州）有何才翁，隐居于龙泉灵溪，苏东坡为其书"留槎阁"匾额。

【注释】

刘克庄（1187—1269）：字潜夫，号后村居士。南宋莆田（今属福建省）人。尝受学于真德秀。理宗赏其"文名久著，史学尤精"，特赐同进士出身。以龙图阁学士致仕。有《后村大全集》《后村别调》。今据《四部丛刊本》录文。

何才翁：即何之奇，北宋皇祐五年（1053）进士何琬之父，为龙泉地方乡绅，亦能诗。与苏东坡有交往，苏所题"留槎阁"三字，即是才翁与其共泛舟西湖时，得其墨迹，带回家乡。刘克庄的这一记述，说明此事已为流传于当时文坛的佳话。

据邓小南《何澹与南宋龙泉何氏家族》一文的注释称："崇祯《处州府志》、雍正《浙江通志》、乾隆《龙泉县志》都有相关记载，这一说法，有可能出自何澹等人编纂的《嘉定龙泉县志》（今佚）。"据明成化《处州府志》，何澹实为《嘉定龙泉县志》作序。

灵溪在荐福院北

灵溪　在龙泉东一里崇因荐福院北，其溪夹长洲为两泒（古同"派"，水的支流。）。里谶（民间流传将来会应验的话）云：沙洲到寺上，龙泉出宰相；沙洲到寺前，龙泉出状元。后何执中拜相，刘知新释褐（脱去平民衣服而换上官服。科举时代称进士及第授官为释褐。）为首，盖符其谶云。

引自南宋·祝穆《方舆胜览》卷九《浙东路·处州》

【意译】

灵溪，在龙泉县东一里的崇因荐福院北，溪中有一沙洲，为两支流所夹。民间流传说：留槎洲的位置延伸到崇因禅寺西，龙泉就会出宰相；留槎洲的位置延伸到崇因寺门前，龙泉就会出状元。后来果然有龙泉人何执中拜相，刘知新考中释褐第一名，是与这谶语相符的。

【注释】

《方舆胜览》：南宋地理类著作，全书共七十卷。是书成于南宋嘉熙己亥（1239）年间，主要记载了南宋临安府所辖地区的郡名、风俗、人物、题咏等内容。作者祝穆，字和甫，南宋建阳（今属福建省）人。今据《四库全书》本录文。

崇因荐福院：即崇因寺。龙泉旧志称，在县治东隅距一里有金鳌山，山自城北石马山发脉，迤逦至此，逼溪而止，一巨石长数丈，色纯黄，若鳌鱼形，故名。唐时僧人于此临溪坐北朝南建寺，名荐福，后改名崇因寺，有"金鳌丛林"之称。因崇因寺在县城东隅（约今东街官仓弄口一带），又俗称东大寺。

留槎洲系由蒋溪与秦溪汇流冲积聚沙而成，形似琵琶，双流奔逝，洲峙于中。因历年水势大小不同，造成沙洲时有位移，或在崇因禅寺之西（即"寺上"），或延伸至崇因禅寺的山门前（即"寺前"）。

宋人认为"山川之秀钟，而为人盘薄郁结，往往有待而发，气与数适相应焉。而又有以涵育而作，成之久翕，而忽张理势然也"（佚名纂修，文廷式辑：《寿昌乘·贡举》，《宋元方志丛刊》）。在这种天人合一观念看来，山川之变化，往往喻示着人间气象的更新，甚至以各种奇象出现为先导，预示着中状元、出宰相此类千载难逢的盛事。就龙泉的留槎洲而言，其面积大小或位置的变迁，本是两溪相激水流逆迴沙石淤积所造成，民间由此附会传播的何时中状元、出宰相等谣谶，又与后来发生的事实某种程度的巧合，因而被人们看作灵验而口口相传，把自然现象与人事兴衰相对应，就是这种认识的反映。

近年龙泉县城段大溪，为营造"龙泉湖"，在下游筑橡皮坝提高水位，同时挖掘清理济川桥（南大桥）下之沙石，今日之留槎洲已位于桥西，游船从圣塔桥的壹号码头溯江而上，可直达留槎洲。

画帘秋卷两溪风

留槎阁 在龙泉县济川桥畔（指在桥边或桥旁），有东坡留题。何才翁诗：
"朱户夜开千嶂月，画帘秋卷两溪风。"

引自南宋·祝穆《方舆胜览》卷九《浙东路·处州》

【意译】

留槎阁，在龙泉县的济川桥边，有东坡留下的题额。何才翁的诗云："朱户夜开千嶂月，画帘秋卷两溪风。"

【注释】

所谓"留槎阁在济川桥畔"，此说不确。南宋龙泉人季南寿《留槎阁记》有"附桥为阁""阁之倚桥，颇似今之朝冠"之语，意思说宋时的留槎阁，是高耸在济川桥上的中央，远眺似宋代官帽形状（方顶硬壳，两端为直襆头脚），这是当时龙泉人记当时龙泉事，应更为可信。故在后来的明、清方志中，亦多有"留槎阁，在县治南济川桥上"的记载。

留槎阁在济川桥上

留槎阁 在龙泉县南济川桥上，宋苏轼题匾。陈舜俞诗："长桥跨岸虹垂地，高阁凌云蜃吐楼。"

引自明·李贤等撰修《大明一统志》卷四十四《处州》

【意译】

留槎阁，在龙泉县南的济川桥上，宋代苏轼题匾。陈舜俞的诗云"长桥跨岸虹垂地，高阁凌云蜃吐楼。"

【注释】

《大明一统志》共九十卷，明代李贤、彭时等撰修的地理总志，成书于天顺五年（1461）。今据《四库全书》本录文。

槎洲上有济川桥

灵溪在县治前，一名槎溪，又名大溪。大溪之上流则与秦溪、蒋溪合而为一。中阻槎洲，广袤（土地的面积。东西的宽度为广，南北的长度为袤）约一二里（指面积大小约一二平方里），上有济川桥，有留槎阁。溪因分而为二，下复合流，以达于海。宋陈舜俞诗："闻说槎洲似沃洲，一溪分作两溪流。长桥跨岸虹垂地，高阁凌空蜃吐楼。浩荡乾坤供醉眼，凄凉风雨送行舟。凭谁为问槎边客，未必无人犯斗牛。"何之奇诗："青（疑为'长'之误）桥南北卧晴虹（雨后的彩虹，常喻指桥），旁结雕甍（指桥上雕镂文采的亭屋脊）势倚空。朱户（指留槎阁朱红色大门）夜开千嶂月（夜晚在大门外可见高悬群山之上的月亮），画帘凉卷夹溪风。香倾绿醑（绿色美酒）登临外，影落澄波（清波）聚散中。此景世间寻不到，凭栏人在广寒宫。"

引自明·嘉靖《浙江通志》卷八《地理志·处州》

【意译】

灵溪在县治前，一名槎溪，又名大溪。大溪之上游则与秦溪、蒋溪合而为一。中间有槎洲相阻，槎洲的面积大小约一二平方里，上有济川桥，桥上有留槎阁。溪因而分为二支流，下游仍复合为一，东去流入以于大海。宋代诗人陈舜俞诗云："闻说槎洲似沃洲，一溪分作两溪流。长桥跨岸虹垂地，高阁凌空蜃吐楼。浩荡乾坤供醉眼，凄凉风雨送行舟。凭谁为问槎边客，未必无人犯斗牛。"龙泉何之奇诗云："长桥南北卧晴虹，旁结雕甍势倚空。朱户夜开千嶂月，画帘凉卷夹溪风。香倾绿醑登临外，影落澄波聚散中。此景世间寻不到，凭栏人在广寒宫。"

【注释】

明嘉靖《浙江通志》七十二卷。胡宗宪修，薛应旗等纂。嘉靖四十年（1561）修。为官修浙江省志的创始。今据《四库全书》本录文。

直前则修桥杰阁

形胜（指地理形势优越。也指山川壮美。）层峦叠嶂，双溪横贯；凤凰翱翔，石马腾踏。北山舒翼抱于左，桃源回首拱于右。直前（径直向前）则修桥杰阁，拥后则九姑灵踪（九姑山有最高亭，登临其上，可览一邑溪山之胜。）。地势夷旷（平坦而宽阔），他邑莫之能及也。

引自明·成化《处州府志》卷第十三

【意译】

龙泉县城的地理形势优越壮美，四周山峦绵延耸立，双溪横贯过城。凤凰山似凤凰展翅飞翔，石马山似骏马奔腾。北山似鸟展翅怀抱于左，桃源山似回首拱卫于右。从县治径直向前的大溪上，修建有济川桥和留槎阁，县治后是神灵古迹九姑山。县城地势平夷旷达，为处州其他县城所不及。

【注释】

明成化《处州府志》十八卷，明处州知府郭忠修，训导刘宣纂修。成化二十年（1484）书成，二十二年（1486）刊本，北京图书馆、上海图书馆和天一阁都有收藏。今据赵治中点校明成化《处州府志》方志出版社 2020 年版录文。

溪夹长洲为两派

灵　溪　在县治东荐福院前，夹长洲为两派。里谚言："沙洲到寺上，龙泉出宰相；沙洲到寺前，龙泉出状元。"宋时何执中拜相，刘知新释褐魁，人以为应。后分庆元县（南宋宁宗庆元三年［1197］析龙泉县松源乡益以延庆乡之半置庆元县，以宁宗年号"庆元"为县名。），知新乃为庆元人（刘知新，龙泉松源乡双股岭下人。清《处州府志》载："于宋大观丁亥（1107）为上舍释褐。是时，庆元尚未置县，应作龙泉人。"）。

引自明·成化《处州府志》卷第十三

【意译】

灵溪，在县治东崇因荐福院前，中夹沙洲成两支流。民间谚语说："沙洲到了寺的西边，龙泉能出宰相；沙洲到了寺的山门前，龙泉就会出状元。"宋代时有何执中拜相，刘知新登释褐第一名，人们以为这是应验。后分设庆元县，知新才为庆元人了。

济川桥旧名清化

济川桥 在县南跨双溪。旧名清化桥（清化：清明的政治教化。），宋太宰（宋称左仆射为太宰）何公易今名，米元章题额（题写匾额）。绍兴二十八年（1158）重建，邑人季南寿记，太师何偁（字德扬〈1121—1178〉，号玉雪，龙泉人。高宗绍兴二十七年进士。孝宗隆兴元年为太常博士。淳熙五年卒，赠太师、楚国公。）书榜（榜文）。岁久摧圮（倒塌），邑令袁倬（宋嘉泰年任龙泉县令）委僧智伦改造，规模宏壮，至六十余间。元戊寅（1278）火，无存。邑人病涉（苦于涉水渡川），鸠工（聚集工匠）再造，越数载而成。望之双虹横贯，留槎中峙，犹蓬莱（神话中渤海里仙人居住的三座神山之一）一胜境也。昔松阳周景辰令松溪，日过此，题曰："画檐浴日参差影，青濑（溪滩中鹅卵石上流过的急水）传风远近声。"成化间，复毁于火。今公府邑人率财重建。

引自明·成化《处州府志》卷第十三

【意译】

济川桥在县南，横跨双溪，原名清化桥，北宋太宰何执中改为今名，书法家米元章题写匾额。南宋绍兴二十八年（1158）重建，龙泉人季南寿有《记》，太师何俣书写榜文。久经岁月后倒塌，南宋嘉泰年间龙泉县令袁倬委派僧人智伦修葺改造，规模宏伟壮观，桥上有廊房六十余间。元戊寅年（1278）毁于火，桥无存。龙泉百姓苦于涉水渡川。聚集工匠再造，经过数载而成。远望桥似双虹横贯，留槎阁耸立于桥中央，宛似蓬莱胜境。从前松阳周景辰去松溪任县令，一日过此，题曰："画檐浴日参差影，青濑传风远近声。"明成化年间，桥又毁于火灾。今官府、龙泉百姓集资重建。

【注释】

这段引文是迄今为止最早明确记载，济川桥原名清化桥，宋宰相何执中改为今名，米元章题写"济川桥"匾额。值得一提的是，在明成化《处州府志》卷第十三的"龙泉县境图"中，可见横跨大溪的济川廊桥图标，这亦是迄今为止见到的最早龙泉地图上的济川桥，可与文字记载相印证。

何执中（1044—1117），处州龙泉人，字伯通。宋神宗熙宁间进士。崇宁中累官至尚书右丞，大观初，进中书门下侍郎。大观三年（1109）为左仆射兼门下侍郎，与蔡京并相。政和初改太宰，封荣国公。六年以太傅致仕。

米元章，即米芾（1051—1107），字元章，湖北襄阳人。北宋书法家、画家、书画理论家，与蔡襄、苏轼、黄庭坚合称"宋四家"。曾与何执中同朝为官。

所谓"济川"，意犹渡河。语出《尚书·说命上》："爰立作相，王置诸其左右。命之曰'朝夕纳诲，以辅台德。若金，用汝作砺；若济巨川，用汝作舟楫。'"意思说，于是立为相，王置你们为左右，命令说："希望你们要朝夕进谏，以助我修德。比如铁器，用你们作为磨石；比如渡大河，用你们作为船和桨。"后多以"济川"比喻辅佐帝王。在各地屡见以"济川"为桥名，据《处州府志》载，在丽水、青田、松阳、遂昌等地，都有以"济川"命名的桥。

据邓小南《何澹与南宋何氏家族》一文称："济川桥更名之事，应在何执中任宰相之后。"考何执中于熙宁六年（1073）登进士，历任台州判官、知海盐县、太学博士等职。哲宗绍圣四年（1097），选为诸王府记室参军，教授端王（即宋徽宗）五王。元符元年（1098），转侍讲。徽宗即位，迁中书舍人、兵部侍郎，进工部吏部尚书兼侍读，素有吏干，知吏人多藏四选案籍于家以舞文取贿，乃请置库架阁，命官专掌。累官至崇宁四年（1105）拜尚书左丞。大观元年（1107），迁中书、门下侍郎。大观三年（1109），进尚书左仆射兼门下侍郎，与蔡京并相。

米芾的晚年书法作品《多景楼诗册》内有宋崇宁元年（1102）何执中题跋："昨日元度座上，见襄阳米元章所题《多景楼诗》，不独仰其翰墨，尤服造语之工，真可目之三绝。崇宁元禩清明前一日，剑川何执中谨跋。"由此可见米芾与何执中的友善关系。故何执中请米芾为济川桥题额，最大可能是在崇宁四年（1105）前后。

留槎阁"三绝"

留槎阁 在县治南济川桥上，宋苏轼书榜（匾额），陈舜俞题咏，时谓阁之雄伟，榜之遒劲，咏之警迈（犹警拔。令人耸异，特出。），号"三绝"。

引自明·成化《处州府志》卷第十三

【意译】

留槎阁在县治南的济川桥上，宋代苏轼书匾额，诗人陈舜俞题咏，当时有阁之雄伟，榜之遒劲，咏之警迈之说，号称"三绝"。

【注释】

留槎阁有"三绝"之称，最早见于南宋绍兴二十八年（1158）邑人季南寿的《留槎阁记》一文："时谓阁之雄伟，榜之遒劲，咏之警迈，号三绝。"

长桥垂南北两岸

金沙（在龙泉县南有金沙山，山下有涧，沙赤如金，故名。）北有济川桥，去县治三百步，跨双溪枕中洲，垂南北两岸，旧名清化，宋何执中易今名，米元章书额。桥之上有阁，何才翁与眉山苏轼游西湖，偶谈及此，苏遂大书留槎阁三字。贤良（有德行的人；才德兼备的人）陈舜俞续题诗。时谓阁之雄伟，字之遒劲，诗之警拔，号称三绝。元戊寅（元朝有两个戊寅年，一是元世祖至元十五年，即公元1278年；二是元惠宗至元四年，即公元1338年）火后皆草桥（指临时简易桥），成化壬辰（明宪宗成化八年，即公元1472年）火，正德癸酉（明武宗正德八年，即公元1513年）又火。嘉靖戊子（明世宗嘉靖七年，即公元1528年）知县朱世忠捐俸及废各祠社银鼎建，俾（使）义民（贤人，乡贤）管晟、吴玚等为倡。升福州府同知，乃以阁属邑指挥吴克泰成之。

引自明·《括苍汇纪》卷之七《地理纪·龙泉县》

【意译】

金沙北有济川桥，距县治三百步，横跨双溪，中枕留槎洲，垂南北两岸。原名叫"清化桥"，宋何执中改为今名"济川桥"，书法家米元章书匾额。济川桥上有一阁，龙泉乡绅何才翁与四川眉山人苏轼游西湖，偶然谈到此事，苏轼就大书"留槎阁"三字。贤良陈舜俞接着题诗。当时有阁之雄伟，字之遒劲，诗之警拔之说，号称"三绝"。元代戊寅年，济川桥毁于火后，都以简易桥过河。明成化壬辰年（1472）火灾，正德癸酉年（1513）又火灾。嘉靖戊子年（1528），知县朱世忠捐俸禄，又废除各祠社庙集资营建，乡贤管晟、吴玚等响应。后来朱世忠升福州府同知，他的下属继续主持，由吴克泰完成建桥。

【注释】

《括苍汇纪》：十五卷，明处州知府新昌熊子臣修，丽水何镗纂。万历七年（1579）修，刊本，南京图书馆藏。今据《续修四库全书》本录文。

陈舜俞（1026—1076），宋湖州乌程（浙江湖州市）人，字令举，号白牛居士。宋仁宗庆历六年（1046）进士。嘉祐四年（1059）复举制科第一。官著作佐郎。神宗熙宁三年（1070），以屯田员外郎知山阴县。反对"青苗法"，疏谓其法乃"别为一赋以敝海内，非王道之举"，责监南康军盐酒税。后隐居白牛村著书立说。有《都官集》等。

朱世忠，南昌人，明嘉靖初龙泉知县。为官清廉谨慎，聪明机敏，平易近民。时济川无桥，往来苦于渡河，就带头捐献自己的俸禄，倡议建桥。后朱世忠升为福州同知，百姓不忘他的功绩，在济川桥阁建祠祭祀。

据苏轼年谱记载，苏轼曾两次在杭州任官：一是在宋熙宁四年（1071）至熙宁七年（1074），被授为杭州通判；二是在元祐四年（1089）至元祐六年（1091），苏轼任龙图阁学士、知杭州。那么苏轼书"留槎阁"三字，是在什么时候呢？

据前引的南宋楼钥《攻媿集》："东坡为郡守……坡书龙泉何氏留槎阁"，也就是说苏东坡为何才翁书额"留槎阁"，是在其任杭州知府时，为元祐四年（1089）至元祐六年（1091）之间。对此，1994年版《龙泉县志》记述："北宋元祐年间，龙泉乡宦何之奇（字才翁，何琬之父）与杭州太守苏东坡同泛西湖，偶谈及此景，苏公叹曰：'得非张骞所乘之槎乎？'遂为之命名为'留槎洲'，并书'留槎阁'三字相赠。才翁携归，刻匾于桥阁上。诗人陈舜俞亦题诗一首……后人称苏东坡榜书之遒劲，陈舜俞题诗之警拔，留槎阁之雄伟为三绝。"

但此说又与陈舜俞已卒于1076年相矛盾，怎么可能会有10多年后的"苏遂大书留槎阁三字，贤良陈舜俞续题诗"？

今人潘海树先生在《苏轼与留槎洲》一文中认为："苏轼命洲榜阁，陈舜俞为诗，当在苏轼通判杭州期间，即熙宁四年（1071）至熙宁七年（1074）。苏轼'书留槎阁三字贻之，陈舜俞为诗'，泛舟西子湖，陈舜俞自是在座者之中。"

林俊先生的《东坡米芾留佳迹》一文，亦有如下考证："作为杭州太守的副职，苏东坡除了日常公差，便是与同僚游宴，寄情于山水之间。某日，与何之奇等一干相识泛舟西湖。众人饮酒叙谈。面对满目景色，何才翁说：'吾乡龙泉有一美景，堪比西湖。江之中有一小洲，形如木筏，相传为仙人乘槎留下。洲上有阁，立于丛林之中。'苏东坡举杯感叹：'得非张骞所乘之槎乎？'张骞乘槎是指张骞奉汉武帝之命，去寻找黄河的源头，乘槎溯水而上来到天河的神话故事。舟上众人纷纷拍手叫绝，佩服苏公的才思泉涌，才翁也颔首称是。东坡即兴说：此洲何不曰'留槎洲'。洲上之阁，即为'留槎阁'。才翁趁兴索求墨宝，东坡欣然题下'留槎阁'三个遒劲大字相赠。小舟之上，还有一位诗人，那就是与苏东坡同样反对王安石变法而遭贬的陈舜俞。那天西湖泛舟，诗人间是少不了吟诗唱和的。陈舜俞，宋庆历六年（1046）登乙科进士，与苏东坡、欧阳修、司马光等交往甚密。宋熙宁三年（1070）复出，因反对王安石变法被贬谪。熙宁五年（1072）再次弃官，归隐家乡著书立说。正因为这几番宦海沉浮的体会，陈舜俞《留槎阁》诗神诗旨，直抒胸臆：'闻说欧川似沃洲，一溪分作两溪流。长桥跨岸虹垂地，高阁凌空蜃吐楼。浩荡乾坤供醉眼，凄凉风雨送行舟。凭谁为问槎边客，未必无人犯斗牛。'诗中所谓欲乘槎'犯斗牛'者，非好友苏东坡莫属，两人被新法排挤，同处厄境，是知友间的交心之语。"

济川桥宋米芾书额

留槎溪即县城北之灵溪也。其上流与秦溪、蒋溪合，中阻一洲，其形如槎，溪因分而为二。有济川桥，宋米芾书额。上有阁，苏轼大书留槎阁三字。宋陈舜俞《留槎阁》诗："闻说槎洲似沃洲，一溪分作两溪流。长桥跨岸虹垂地，高阁凌空蜃吐楼。浩荡乾坤供醉眼，凄凉风雨送行舟。凭谁为问槎边客，未必无人犯斗牛。"何之奇前题："长桥南北卧清（一作'晴'）虹，旁结雕甍势倚空。朱户夜开千嶂月，画帘凉卷夹溪风。香倾绿醑登临外，影落澄波聚散中。此景世间寻不到，凭栏人在广寒宫。"

引自明·曹学佺《大明一统名胜志》浙江·处州府·龙泉县

【意译】

留槎溪即县城北的灵溪。灵溪的上流与秦溪、蒋溪汇合，溪中沙积一洲，其形状如木筏，溪因分而为二支流。溪上有济川桥，宋米芾书额桥名。济川桥上有阁，苏轼大书"留槎阁"三字。宋陈舜俞《留槎阁》诗："闻说槎洲似沃洲，一溪分作两溪流。长桥跨岸虹垂地，高阁凌空蜃吐楼。浩荡乾坤供醉眼，凄凉风雨送行舟。凭谁为问槎边客，未必无人犯斗牛。"何之奇前题："长桥南北卧清虹，旁结雕甍势倚空。朱户夜开千嶂月，画帘凉卷夹溪风。香倾绿醑登临外，影落澄波聚散中。此景世间寻不到，凭栏人在广寒宫。"

【注释】

作者曹学佺（1574—1646），字能始，一字尊生，号雁泽，又号石仓居士、西峰居士，福建福州府侯官县洪塘乡人，明万历二十三年（1595）进士。清兵入闽，自缢殉节。

《大明一统名胜志》一百九十三卷，又名《舆地名胜志》，明学者曹学佺撰。记述了明代疆域之内各府、州、县的历史沿革、地理特征、风景名胜和古迹文物。侧重条记天下风景名胜。

知县章文标重建

济川桥　《名胜志》：去县三百步。《崇祯处州府志》：跨双溪，枕中洲，垂南北两岸。旧名清化，宋何执中易今名，米元章书额。桥之上有阁，何才翁与眉山苏轼游西湖，偶谈及此，苏遂大书留槎阁三字，贤良陈舜俞续题诗，时谓阁之雄伟，字之遒劲，诗之警拔，号称三绝。元戊寅火，后皆草桥。明成化壬辰火，正德癸酉又火，嘉靖戊子知县朱世忠捐俸鼎建，俾义民管晟等为倡，无何升福州府同知，乃以阁属邑指挥吴克泰成之……《续处州府志》：万历二十七年夏，坏于洪水。是秋，知县章文标重建。

引自　清·雍正《浙江通志》卷三十八《关梁·六》

【意译】

济川桥，《名胜志》记载："距县治三百步。"明崇祯《处州府志》记载："济川桥横跨双溪，中枕留槎洲，垂南北两岸。原名'清化'，宋何执中改今名'济川'，书法家米元章题书匾额。济川桥上有阁，龙泉乡绅何才翁与四川眉山人苏轼游西湖，偶然谈及此事，苏就大书'留槎阁'三字，诗人陈舜俞续题诗，当时有阁之雄伟，字之遒劲，诗之警拔之说，号称三绝。"元代戊寅年（1338），济川桥毁于火后，都以简易桥过河。明成化壬辰年（1472）火灾，正德癸酉（1513）又火灾。嘉靖戊子年（1528），知县朱世忠捐俸禄，又废除各祠社庙集资营建，乡贤管晟等响应。后来朱世忠升福州府同知，他的下属继续主持，由吴克泰完成建桥。《续处州府志》记载："万历二十七年（1599）夏，济川桥毁坏于洪水。同年秋，知县章文标重建。

【注释】

章文标：江西进贤人，举人，明万历年间任龙泉知县。桥成后，章文标有《济川桥》诗："长桥雄阁寄浮槎，物色新裁景自华。龙卧沧江窥窟宅，鼋翻栋宇出云霞。济川我愧图无梦，题柱人惊笔有花。刻羽和难邹律动，春风吹散万人家。"

顺治年复改名清化

清化桥 在龙泉县治南，跨双溪，枕中洲，垂南北两岸，旧名济川桥，本朝顺治六年（1649）重建，改今名。

引自清·《嘉庆重修一统志》卷三百五《处州府·津梁》

【意译】

清化桥在龙泉县治南，横跨双溪，中枕留槎洲，垂南北两岸，原名济川桥，本朝顺治六年（1649）重建，改今名清化桥。

【注释】

《嘉庆重修一统志》：清官廷臣修全国地理总志，开编于嘉庆十七年，取材内容也到嘉庆二十五年（1820）为止。全书共560卷，目录二卷。本书所辑据中华书局《四部丛刊续编史部》1986年影印本录文。

顺治六年知县徐可先重建济川桥，并亲撰《济川桥记》记述重建之始末。

本文所谓"顺治六年（1649）重建，改今名（清化）"之事，在徐的《记》中未见有提及。亦未见于其他清代史志的记载。

有济川桥跨仙洲

大溪 在县治南。自仙霞以东南及遂昌以西南之水皆汇焉。县西五里有秦溪，又西一里有蒋溪，又西有浆溪，其上源皆一二百里，汇流而东，合于大溪。又东经云和县，入丽水县界。《志》云：县有灵溪，即大溪之上流，经县治前，亦曰留槎溪。中阻一洲，约长一二里，形如槎（木筏），溪因分而为二，有济川桥跨其上，亦曰留槎洲，一名仙洲。祝穆云："灵溪在县治之东，夹长洲而为两派。"是也。

引自清·《读史方舆纪要》卷九十四《浙江六》

【意译】

大溪在龙泉县治南，自仙霞以东南及遂昌以西南之水皆汇合于此。县治西五里有秦溪，又西一里有蒋溪，又西有浆溪，它的上游都有一二百里，汇流而东下，合于大溪。又东流经云和县，进入丽水县界。《志书》记载："龙泉县有灵溪，就是大溪的上流，经过县治前，也叫留槎溪。溪中有一沙洲相阻，沙洲约长一二里，形状像一木筏，大溪因而分为二支流，有济川桥横跨其上。沙洲也称"留槎洲"，一名"仙洲"。祝穆《方舆胜览》说："灵溪在县治之东，夹长洲而为两派。"确实如此。

【注释】

《读史方舆纪要》系清初地理著作。顾祖禹（1631—1692）撰。全书共一百三十卷。本书所辑据《读史方舆纪要》中华书局 2019 年 9 月版录文。

虹桥横跨蜃阁高擎

形胜 萦回（回旋环绕）盘错于东者，武溪、吴岭；屹立雄峙于西者，匡山、玉华；北则鹤岭、壬峰，以拥以蔽；南则台湖、安汭，乃障乃屏；背依姑山之秀，面俯仙洲之灵；喉门左拱，桃源右顾；直前则双溪夹洲，虹桥横跨；凌空则浮槎支石，蜃阁（由光线折射所产生的楼阁、城市等虚幻景象。例"海市蜃楼"，形容阁之奇幻）高擎（喻指留槎阁雄伟高耸）；闽浙要冲，车书通达（泛指国家的文物制度。此指交通和政令皆畅通）；岩壁溢秀，烟霞涨彩，云山千里，松竹万家；欧冶剑溪（欧冶子铸剑之地），山深川阻（山高河险）；攒峰结嶂（层峦叠嶂），周遭盘纠（四周环绕）；地势夷旷，他邑莫及。

引自清·乾隆《龙泉县志》卷之一《舆地·形胜》

【意译】

龙泉山川壮美，环绕错落，东面有武溪、吴岭；西面屹立雄峙匡山、玉华山；

北面则有鹤岭、壬峰相拥以蔽；南面则有台湖、安汊，是为屏障；县治背依九姑山之秀，面向神异的留槎仙洲；有喉门左拱卫，有桃源右顾盼；县治直前双溪夹留槎洲，上有虹桥横跨；浮槎支石，留槎阁凌空高耸；地处闽浙要冲，车书通达；岩壁溢秀，烟霞涨彩，云山千里，松竹万家；欧冶子铸剑之地，山高河险；层峦叠嶂，四周环绕；地势平坦而宽阔，为处州其他县城所莫及。

【注释】

乾隆《龙泉县志》：为清乾隆二十七年（1762）龙泉知县苏遇龙修并序，县学博沈光厚纂。刊本五册，列十二卷八十六门并首一卷。所载经济、政治、军事、文化及民情风俗等方面资料，不仅使前人续修《龙泉县志》有所因循，且可供当今研究龙泉历史佐证。苏遇龙，陕西人，进士，乾隆二十五年（1760）任龙泉知县。本书据《中国方志丛书》成文出版有限公司1984年3月版录文。

洲名仙洲溪名灵溪

灵溪　在县治前，距数百武（步），界分东西南北四隅，又名槎溪，亦曰大溪，溪之上流则合秦、蒋为一，中阻槎洲，状类琵琶，袤约一二里，溪因分而为二，下复合流，以达于海，此溪昔传有仙乘槎泛水，因留为洲，故洲名仙洲，溪名灵溪。

清·乾隆《龙泉县志》卷之一《舆地·山水》

【意译】

灵溪，在县治前，相距有数百步，界分东西南北四隅，又名槎溪，也称大溪。溪的上流，合秦、蒋两溪为一，溪中有槎洲相阻，洲状类琵琶，纵长约一二里，大溪因而分为两个支流，下复合而为一东流，以直达入海。相传以前有仙人乘槎泛水，因为留下的木槎变成槎洲，所以洲名称"仙洲"，溪名称"灵溪"。

阁势凌空桥亘彩虹

灵溪风月　季公著诗：檐阁势凌空（高架在空中，形容阁之高大），长桥亘彩虹。下临双涧水，高入四轩风（高阁四面敞朗迎风）。秋月当窗白，春花夹岸红。往来人到此，真在画图中。

引自清·乾隆《龙泉县志》卷之一《舆地·景物》

【意译】

风景名胜"灵溪风月"，有季公著诗写道："檐阁势凌空，长桥亘彩虹。下临双涧水，高入四轩风。秋月当窗白，春花夹岸红。往来人到此，真在画图中。"

【注释】

旧志载"灵溪风月"为龙泉十四景之一。"檐阁"指留槎阁；"长桥"指济川桥。

洲上虹垂一桥横跨

危阁斗牛（阁高耸入云达斗牛星间，形容阁之雄伟高大）　灵溪即槎溪，危阁即留槎阁。溪中鳌负一洲，长亘一二里，洲上虹垂，一桥横跨百余丈。明吴江顾大典诗："飞阁岧峣（高峻貌）枕碧潋（溪水清澈波光闪烁），使君（州郡长官的尊称）清夜正留宾。檐前错落星河影，欲泛灵槎一问津。"

引自清·乾隆《龙泉县志》卷之一《舆地·景物》

【意译】

风景名胜"危阁斗牛"，灵溪即槎溪，危阁即留槎阁。溪中有一沙洲，如有一鳌负于水，洲长约一二里，洲上如有虹垂，一桥横跨百余丈。明代吴江顾大典有诗："飞阁岧峣枕碧潋，使君清夜正留宾。檐前错落星河影，欲泛灵槎一问津。"

【注释】

旧志载"危阁斗牛"为龙泉十四景之一。顾大典，明代吴江（今属江苏省）人。诗人、戏曲家、书画家，曾任处州推官。

济川桥屡毁屡建

济川桥 向在县治大市（闹市），即今址也。南跨双溪，枕中洲，垂南北两岸。原名"清化"，宋何执中易今名，米芾书匾额。绍兴二十八年（1158），邑人张津倡募重建，岁久摧圮（倒塌）。邑令袁倬（宋嘉泰年间龙泉县令）委僧知伦改葺（改造修理）。元戊寅火（1278年或1338年），后皆草桥。明成化壬辰（1472）火，正德癸酉（1513）又火。嘉靖戊子（1528），知县朱世忠建。万历己亥（1599）大水，桥仅存十之一二，知县章文标重建。万历丙辰（1616）又水，知县陈应良（疑为陈应芳之误）、郑奎光历加修葺。崇祯中（约1636年前后），又圮。顺治六年（1649），知县徐可先建。十八年（1661），又圮。康熙九年（1670），巡抚范忠正（即时任浙江巡抚范承谟。"忠正"疑为范谥号"忠贞"之误）公至龙，捐银盘二面主缘重修，士民德之（感激他），改名盘桥。二十五年（1686），大水，桥、阁并逐鲸波（巨浪）。四十五年（1706），知县金辉（康熙三十八年任龙泉知县），移建崇因寺下。时大寺口潭深，不可立址，竭一邑之力，仅能填筑。相传庠生祝昌龄实主其议，人咸咎（都怪罪于他）焉。五十一年壬辰（1712），桥又圮，迄甲午未修。浙（同"浙"）闽总督范公时崇，继忠正公遗志，自福州发银五十两助修。知县钟文英委僧通秀、庠生叶方荣等劝募，丁酉（1717）落成。五十七年（1718），桥址又厄于水，署县（代理知县）陈世超修葺。雍正五年（1727），邑令孟耀增修。九年（1731）六月，溪水坏桥。乾隆二年（1737），知县游炯委金沙、崇因二寺僧，绅士林浩等募葺。十六年（1751），桥圮一址，僧正遇募修。二十二年（1757），知县朱绥劝施落成。二十四年（1759）五月，大水，桥复毁。二十七年（1762），知县苏遇龙详请重修。乾隆三十六年（1771），复毁。至嘉庆十年（1805），邑绅李浚复移今址，独力用缗二万有奇。咸丰八年（1858），匪毁。同治六年（1867），知府清安莅治，士民公请重建，饬知县吴光华择董劝捐，分司其事。未及竣，光华去任，顾国诏继之。至七年（1868）秋，告成。

引自清·光绪《龙泉县志》卷之二《建置·桥渡》

【意译】

济川桥，向来在县治的闹市，即今天所在的位置。横跨双溪，枕溪中留槎洲，垂南北两岸。原名清化，宋何执中易今名，米芾书额。

宋绍兴二十八年（1158），邑人张津（乾道五年特奏名进士）倡导募款重建。岁久倒塌。宋嘉泰年间（1203年前后）龙泉县令袁倬委派僧人知伦改造修葺。

元戊寅（1338）桥遭火灾毁，自此百姓都是以简易便桥渡河。

明成化壬辰（1472）桥火灾毁。正德癸酉（1513），桥又遭火灾。

嘉靖戊子（1528），知县朱世忠重建。

万历己亥（1599）发大水，桥被冲仅存十之一二，知县章文标重建。

万历丙辰（1616）又发大水，知县陈应芳及后任知县郑奎光几次加以修理。

崇祯中（约1636年前后），桥又倒塌。

清顺治六年（1649），知县徐可先重建。

顺治十八年（1661），桥又倒塌。

康熙九年（1670），时任浙江巡抚范承谟到龙泉，捐银盘二面发起重修，士民为感激他，改名盘桥。

康熙二十五年（1686），发大水，桥、阁一并被巨浪冲走。

康熙四十五年（1706），知县金辉，将桥移址建于崇因寺东。时大寺口潭深，难于筑桥址，尽一县之力，仅能填筑。相传这是庠生祝昌龄的主张，人们都怪罪于他。

康熙五十一年壬辰（1712），桥又倒塌。直到甲午年（1714）都未修。

浙闽总督范时崇，继承其父范承谟遗志，从福州发银五十两助修。知县钟文英委派僧通秀、庠生叶方荣等劝募。在康熙五十六年丁酉（1717）落成。

康熙五十七年（1718），桥址又遭水害。代理知县陈世超修理。

雍正五年（1727），县令孟耀增修。

雍正九年（1731）六月，大溪水冲坏桥。

乾隆二年（1737），知县游炯委派金沙、崇因二寺僧，绅士林浩等募款修理。

乾隆十六年（1751），桥有一址倒塌。僧正遇募款修理。

乾隆二十二年（1757），知县朱绶劝施落成。

乾隆二十四年（1759）五月，发大水，桥又被冲毁。

乾隆二十七年（1762），知县苏遇龙详请重修。

乾隆三十六年（1771），桥复又被毁。

嘉庆十年（1805），邑绅李浚（正好在100年后，将济川桥从崇因寺东）复重回原址（县治南三百步）重建，独资用钱二万有奇。

咸丰八年（1858），桥遭匪毁。

同治六年（1867），处州知府清安到龙泉，龙泉士民公请重建。清安命令知县吴光华选择建董事会募捐资金，分工负责建桥事宜。未及竣工，吴光华调任而去，由继任知县顾国诏负责续建。至同治七年（1868）秋，宣告建成。

【注释】

本文记载济川桥历代被毁重建的情况，尤其是在清代的200多年间，曾屡毁屡建10余次的经过。

留槎洲别建留槎阁

留槎阁　在县治南济川桥上。宋苏轼书榜，陈舜俞题诗。时谓阁之雄伟，榜之遒劲，诗之警拔，号三绝……初阁附于桥，康熙二十五年（1686）大水，桥圮阁废。乾隆十五年（1750），知县李肯文（番禺人，乾隆二年进士，十二年任龙泉知县）于桥西数百步，灵洲之上别建留槎阁，其上祀文昌之神。置田租一十五石，以供香火。自为诗以纪其胜。会（恰好）调任，工未竣……阁向奉文昌像于其上，并置田岁祀，后因产薄，祀事莫继。乾隆四十三年（1778），教谕陆国栋捐俸，集会中绅士增产修祭。嘉庆十一年（1806），邑绅汤瑾独立重建，用缗三千二百有奇。岁久渐圮，同治七年（1868），知县顾国诏以济川桥羡余（建桥款的结余）添造前堂，又捐资建亭于前，名曰"剑泉"，以助名胜。

引自清·光绪《龙泉县志》卷之二《建置·宫室》

【意译】

留槎阁在县治南的济川桥上。宋代苏轼书匾额，诗人陈舜俞题咏。时有阁之雄伟，字之遒劲，诗之警迈之说，号为"三绝"。起初留槎阁附建于桥上中央。康熙二十五年（1686）发大水，济川桥倒塌，留槎阁也无存。乾隆十五年（1750），知县李肯文在桥西数百步处的留槎洲上，另外建造了留槎阁，在阁上祭祀文昌神。置田租一十五石，以供祭祀资金。他自己作诗以记其胜况。后因李肯文恰好要调任他处，故尚未竣工。留槎阁上向来供奉文昌像，并且置田租岁岁祭祀，因田产微薄，不足维持祭祀之事。乾隆四十三年（1778），教谕陆国栋捐助俸禄，集县乡绅士，增加田产，来用于祭祀。嘉庆十一年（1806），邑绅汤瑾独立重建留槎阁，用去钱三千二百多缗。年岁久了，留槎阁逐渐破旧，同治七年（1868），知县顾国诏以建济川桥的结余款，添造前堂，又捐资在阁前建一亭，名叫"剑泉"，以增添名胜风景。

【注释】

本文记述了留槎阁的变迁：

自宋代以来，留槎阁一直是"附阁于桥"，即是与桥一体，在济川桥上中央。

清康熙二十五年（1686）大水，济川桥圮留槎阁亦废。

（康熙、雍正年间，一度移址崇因寺前重建济川桥，并改名为"盘桥"，但未见"桥上有阁"的记载。）

乾隆十五年（1750），知县李肯文于桥西数百步，留槎洲上别建留槎阁，因李肯文调任，尚未竣工。

乾隆四十三年（1778），教谕陆国栋捐俸，绅士增田产修祭。

嘉庆十一年（1806），邑绅汤瑾独立重建。

同治七年（1868），知县顾国诏添造前堂。同时，在留槎阁前建"剑泉亭"，增添名胜风景。

由此可见，济川桥、留槎阁的分离，始于乾隆十五年（1750）；嘉庆十一年（1806），邑绅汤瑾独立重建。

同治七年秋复建济川桥

济川桥 去县治三百步。跨双溪，枕中流，垂南北两岸，旧名清化。宋何执中易今名，米元章书额。上为阁。时苏东坡倅（副的，东坡时任杭州通判）杭州，闻其胜，书"留槎阁"三字遗（给，移交）之，经贤良（有德行才能）陈舜俞题诗，时谓阁之雄伟，字之遒劲，诗之警拔，号称三绝。元戊寅火，后皆草桥。明成化壬辰（1472）火，正德癸酉（1513）又火。嘉靖戊子（1528），知县朱世忠（南昌人，嘉靖初任）建，时义民管晟、吴均等为倡。桥之阁，则邑指挥吴克泰成之。后递有兴废。崇祯元年（1628），知县郑奎光修，自为记。顺治六年（1649），知县徐可先（江苏武进人，进士，顺治五年任）建。嗣后屡修屡圮。乾隆二十七年（1762），知县苏遇龙（陕西人，进士，乾隆二十五年任）重修，后毁。嘉庆十年（1805），邑绅李濬（浚）独立建造。咸丰八年（1858），匪毁（咸丰八年七月，太平军石达开部经过龙泉，为抗击清兵，毁大桥。）。同治六年（1867），知府清安（字月舫，满洲官学生。同治三年八月，由阁中书转理藩院郎任处州知府。）莅治，士民公请重建，饬（命令）知县吴光华（松江人，同治五年任）劝捐建复。未竣工，光华受代（旧时官吏任满由新官代替为受代），知县顾国诏接续经营，七年（1868）秋告成。

引自清光绪《处州府志》卷之六《建志下·桥渡·龙泉县》

【意译】

济川桥，距县治三百步远。横跨双溪，中枕留槎洲，垂南北两岸，原名"清化"。宋何执中改为今名，书法家米元章书匾额。桥上有阁。当时苏东坡任杭州通判，听说它的胜景，就书"留槎阁"三字送给何之奇，贤良陈舜俞题诗，当时有阁之雄伟，字之遒劲，诗之警拔之说，号称"三绝"。元代戊寅年毁于火灾，后来百姓都是通过简易桥渡河。明成化壬辰年（1472）火灾，正德癸酉年（1513）又火灾。嘉靖戊子年（1528），知县朱世忠主持重建，当时的义民管晟、吴均等提倡。桥上的阁，则是后来的指挥吴克泰完成的。以后几年桥时有兴废。崇祯元年（1628），知县郑奎光重修，自己撰写《记》。清顺治六年（1649），知县徐可先重建。嗣后屡修屡圮。乾隆二十七年（1762），知县苏遇龙重修，后又毁。嘉庆十年（1805），邑绅李浚独立建造。咸丰八年（1858），毁于匪。同治六年（1867），处州知府清安来到龙泉，士民公请重建，清安命令知县吴光华募捐资金复建。未及竣工，吴光华离任，知县顾国诏接续主持建造，在同治七年（1868）秋建成。

【注释】

本文记载了明清时期济川桥的兴衰。清同治七年（1868）秋建成的济川桥，至民国31年（1942）10月毁于火灾，共延续74年之久。对这一济川桥的壮观，《龙泉文史资料》第2辑徐承宾、吴克文撰《龙泉南大桥史话》一文，有如下记述："同治年间修建的济川桥，系木石结构，其桥墩北段五个用石块砌筑，南段四个则用巨木支撑。洞梁全用松木横铺，桥面上建有桥房七十三间，上有瓦片遮顶。桥廊两侧，栏槛高约四尺，人可凭栏俯览大溪河面，仰观城乡各景。栏槛外沿都敷设"雨阳板"，长约3米许，向外垂下斜挑成三十度角，有如桥裙。"雨阳板"用以避雨遮阳，板上尽涂桐油，既保护了桥栏栏身，也美化了桥容。栏槛内侧距桥面50厘米处，铺设有上尺宽、寸多厚的长条松板，作为槛凳，供行人游客歇息。整座大桥，设计精湛，结构严密，造型别致，独具一格，远远望去，犹如一条空中楼阁，蔚为壮观。

宋碑"留槎阁图"

留槎阁图，上分书（指八分书体，跟"隶书"相近）七律一首，亦舜俞寄题于欧川者，后有郎中何公（何俪）跋。留槎阁者，在处州龙泉县济川桥上，下即欧川（大溪，又称灵溪、槎溪）也。《龙泉志》云，何才翁泛西湖，偶与东坡谈槎洲之胜，苏喜曰：得非张骞氏之槎（典故"张骞泛槎"，杜甫诗："乘槎断消息，无处觅张骞。"）乎？书"留槎阁"三字贻（赠送）之，舜俞为诗，遂名播当世。郎中何公者，何俪也，字德扬，号玉雪，绍兴廿七年（1157）中甲科，隆兴间（1163—1164）为吏部郎中，殆（表推测，相当于"大概"）才翁之裔。跋剥不可读，盖距作诗时七十余年矣。第（但）不知二碑何以在此（指在金华试院）。考《府志》补遗，有魏王手诏，余俱失载，爰书其略，而以长歌纪之，乾隆丁未（1787）五月二十九日。

金华试院婺州治，建修屡历元明季。叠栌骈栱溯大观，匾榜到今题宋字。……

其余两碑刻图画，骑牛可辨留槎坏。松云剥蚀剩长歌，阑槛依稀跨清派。

白牛居士谪南康，匡庐双牍歌慷慨。欧川有阁复寄咏，只今牛斗增豪芒。

引自清·黄钺《壹斋集》卷六《金华试院宋六碑歌（序）》

【意译】

留槎阁图，上有八分书体的《七律》一首，就是陈舜俞诗《留槎阁》，即寄题于欧川者，后有吏部郎中何俌的跋。留槎阁，在处州龙泉县济川桥上，下临欧川。《龙泉志》记载，何才翁泛舟西湖，偶然与东坡谈及故乡龙泉的槎洲之胜景，苏东坡高兴地说：莫非是张骞留下的槎吗？就书"留槎阁"三字赠送给何才翁，陈舜俞作诗，于是留槎阁名闻于世。郎中何公，就是何俌，字德扬，号玉雪，绍兴二十七年（1157）中进士甲科，隆兴间（1163—1164）为吏部郎中，大概是才翁的后裔。图碑上何俌的跋，因剥蚀风化不可读，因为距作诗的时间有七十余年了。但不知二碑为什么会在金华。……而以长歌纪之，乾隆丁未（1787）五月二十九日。

金华试院婺州治，建修屡历元明季。叠栌骈栱溯大观，匾榜到今题宋字。……　……

其余两碑刻图画，骑牛可辨留槎坏。松云剥蚀剩长歌，阑槛依稀跨清派。白牛居士谪南康，匡庐双楔歌慷慨。欧川有阁复寄咏，只今牛斗增豪芒。

【注释】

黄钺（1750—1841），字左田，号左君、井西居士，安徽当涂人，官礼部尚书，太子少保、户部尚书、军机大臣。工诗文，善书画。所著《壹斋集》是清代一部较为重要的诗文集，对研究古代历史文化具有较为重要的价值。

黄钺的《金华试院宋六碑歌（序）》，系以藏于金华试院内的六块宋代碑刻为题，其中之一即为"留槎阁图"。此《序》文中，未说明此宋碑"留槎阁图"何人所作？这块描绘龙泉留槎阁图的石牌，又为什么会出现在异地金华试院内？

留槎阁诗图石刻

寄题欧川留槎阁诗图石刻 石高纵黍尺（古代用黍百粒排列起来，取其长度作为一尺的标准，叫作"黍尺"。横排的称"横黍尺"，纵排的称"纵黍尺"。旧制营造尺就是纵黍尺。横黍尺一尺等于纵黍尺八寸一分。）四尺四寸，广二尺二寸，上镌七律一首，嘉禾陈舜俞（陈为今浙江湖州乌程人，后移居嘉兴秀州白牛村）撰，八分书，诗曰："闻说欧川似沃洲，一溪分作两溪流。长桥跨岸虹垂地，高阁凌空蜃吐楼。浩荡乾坤供醉眼，凄凉风雨送行舟。凭谁为问槎边客，未必无人犯斗牛。"后镌郎中何偁跋语七行，行书尽泐（用刻刀在石上铭刻书写。）并卢江何□书。下为山水图，中架一桥，桥上有阁。阁在龙泉县南，即题所谓留槎是也。图不知何人作，岁月并在泐处。因道光志（指道光《金华县志》）疏舛（疏漏错乱）过多，故觑缕（犹言弯弯曲曲。谓详述。指事情的原委。）及之。石在今试士院。

引自清·光绪《金华县志》卷十五《金石·宋》

【意译】

《寄题欧川留槎阁诗图》石碑，石高纵四尺四寸，广二尺二寸，石碑上镌刻有七律一首，是陈舜俞撰，八分书体镌诗一首："闻说欧川似沃洲，一溪分作两溪流。长桥跨岸虹垂地，高阁凌空蜃吐楼。浩荡乾坤供醉眼，凄凉风雨送行舟。凭谁为问槎边客，未必无人犯斗牛。"后面镌吏部郎中何偁的跋语七行，行书铭刻，并卢江何□书。下为山水图，中架一桥，桥上有阁。阁在龙泉县南，即是所题的留槎阁。此《留槎阁诗图》不知是何人所作，上镌刻有岁月。因道光《金华县志》疏漏错乱过多，没有详述这件事情的原委。这块《留槎阁诗图》石碑在今试士院。

【注释】

宋碑《留槎阁诗图》是迄今为止所知的唯一有关宋代济川桥的历史文物，其集宋代济川桥、留槎阁、陈舜俞诗和何偁跋文为一体，对于考证济川桥的历史文化，颇具文物史料价值。据上文记载，表明至迟在清光绪年间时，《留槎阁诗图》石碑尚在金华试士院，惜今不知流落存于何方。

济川桥洵巨观也

（1920 年）九月廿五日星期六。晨八钟起程，逾一岭，行十里抵庙下，再行十里抵竹坑村，高八百五十尺，上岭五里，高一千七百五十尺。一路乔松夹道，鳞鬣（松树皮，松针）苍然，皆百年物也。其最大者高九十尺，径二尺余。岭上舍松树外，无他杂木。过岭则皆为赤土山，日光反灼，炎蒸如盛夏。行十五里，至午后一钟，始抵龙泉县。县亦无城（指龙泉无围绕的城墙。龙泉旧志云："县境南北皆距山，相去仅五里，而大溪双流，界于其间，县治联络之壤，惟东西北三隅，状类偃舟，袤有余而广不足，难于城也。"），惟颇殷富。午饭已，往劝学所（龙泉于民国 5 年（1916）设立，所长李为麟。全县分十个区，每个区设学务委员，每村设学堂，提倡新学。），适所长李为麟外出，所中地复逼仄（指劝学所初创场地狭窄、拥挤）。乃居第一旅馆，馆有一园，颇有花木，馆主亦士人。炎荒有此，亦殊自慰。龙泉环郭皆山，一川中贯，风景甚美。跨河有一大桥，名曰济川，长逾七十丈，皆以大木为之，洵（诚实，实在）巨观也。

引自胡先骕《浙江采集植物游记》，载《学衡》1922 年第 10 期

【意译】

（1920 年）九月廿五日星期六。早晨八点钟起程出发，翻过一岭，行十里后抵达庙下，再行十里抵达竹坑村，海拔高850尺；上岭五里，海拔高1750尺。一路乔松夹道，松树松针青翠，都是百年老树。其中最大者高达九十尺，直径有二尺多。岭上除松树外，没有其他杂木。过岭就是赤色泥土的山峰，日光反照，炎热暑蒸如同盛夏。行十五里后，在午后一点钟，始抵达龙泉县。

县城亦没有围绕的城墙，只是颇为殷实富足。午饭后，往劝学所，恰巧所长李为麟外出，劝学所初创场地狭窄。于是居住第一旅馆，馆有一花园，颇多花木，馆主人亦士人。炎热荒远之地，有如此条件，感到特别自我安慰。龙泉环城都是山，一大溪穿城而过，风景甚美。跨河有一大桥，名曰"济川"，长逾七十丈，都是以大木构造，确实宏伟壮观。

【注释】

作者胡先骕（1894—1968），字步曾，号忏庵，江西新建人。获哈佛大学博士学位。归国后任教北大、北师大、清华等高校。毕生从事中国植物分类学研究，成为中国植物学的奠基人，中国生物学的创始人。1920 年秋，胡先骕为采集标本和调查植物资源，到龙泉考察，本文即为其考察日记之一。

本文记载了作者在龙泉县城的所见所闻："龙泉县城虽没有城墙，但是颇为富足。……龙泉县城四周环山，一大溪穿城而过，风景甚美。跨河有一大桥，名曰济川，长逾七十丈，都是以大木构造，确实宏伟壮观。"

留槎洲一片荒芜

民国二十三年（1934）十一月三日 早七时三十分起程，过济川桥，望留槎洲，一片荒芜，什么建筑都没有。本来洲在大溪中央，大水时容易冲毁，否则开辟一公园，确是极好的地方。

引自《陈万里陶瓷考古文集·龙泉访古记》，紫禁城出版社 1997 年

【注释】

作者陈万里（1892—1969），中国近代享誉世界的陶瓷专家，故宫博物院研究员。他自 1928 年至 1941 年先后 9 次到龙泉进行龙泉窑考古调查，踏遍龙泉的山山水水，先后在龙泉大窑等众多遗址上搜集了大量瓷片标本，进行排比研究，并完成了中国第一部田野考察报告《瓷器与浙江》，引起了世界的关注，也奠定了他的学术地位。其中的《龙泉访古记》，以日记的形式

翔实记录了陈万里在龙泉考察青瓷的经历，亦不乏有当时在龙泉的所见所闻。陈万里拍摄的龙泉济川桥内景图，作为其著作《浙东游记》的插图，刊登于《图画时报》1928 年 494 期，是当时的济川桥上内部结构和状况的宝贵资料。

本文所记"过济川桥，望留槎洲，一片荒芜，什么建筑都没有。"说明当时在留槎洲上，留槎阁已不存。

洪水离大桥只有五六寸

民国二十八年（1939）六月廿九星期四 雨仍不止……北河街小沟溪水已没路面，因之衣履尽湿，然而雨仍倾盆而下。饭后辞出，北河街已成一河……据说全城除大街地势稍高外，余均没入水中。后有人来报告说，水离大桥，只有五六寸，桥基岌岌可危，为光绪三十年（指 1904 年 6 月 22 日夏至〈农历五月初九〉，龙泉发大水，水满城内与屋檐平，船可撑至清修寺边。）后所未有的大水。

下午仅有小雨，似可不致成大患了，然而东街沿溪房屋，已有被冲去的，溪南浙赣路修理厂竹木漂去不少，盐务管理局冲去汽车两辆，其余的新车，亦均进水，食盐四十包全部被冲，不能不说是一笔巨大的损失。

六月三十日星期五到济川桥上看溪水，汹涌之势，据说已大减退，桥孔中被拦的竹木甚多。

引自《陈万里陶瓷考古文集·龙泉访古记》，紫禁城出版社 1997 年

【注释】

本文记述 1939 年 6 月 29 日龙泉发大水时，济川桥的危险情景："水离大桥，只有五六寸，桥基岌岌可危，为光绪三十年（1904）后所未有的大水"；次日，到济川桥上看溪水，汹涌之势，据说已大减退，桥孔中被拦的竹木甚多，仍严重威胁着大桥的安危。

长榭亭楼雄跨大江

"学书学剑，几生清福到龙泉！"真说得不错！

东南半壁的学子，谁不仰望这个龙泉分校？谁不在引颈探首地想张望一下龙泉分校？她真具有说不出的神妙，真始终成为东南弟子所最爱护者。

几生清福到龙泉！自然，我不仅到了龙泉，且过了两年；这两年就占了我人生史上精彩的一页。

卅年秋，溯瓯江，兴高采烈，来荣进这个分校。一路峦峰夹江，古木参天，青山碧水，我不是在"羽化而登仙"吗？突然地，一座俏塔，傍流水，俊立山尖，显在仰望和招手欢迎我们。更有一列长榭亭楼，雄跨大江，若如西兴远眺钱塘江大桥。呀！这是什么地方呀？"啊！龙泉到了，龙泉到了，这是棋盘塔（即稽圣潭塔），这是大桥！"

上了岸，过大桥，穿向东南的平畴阡陌，再依山蜿行，约十里果有一座大厦，巍峨耸立，穷乡山谷为之增色，这就是"曾府"——龙泉分校之所在地。……

卅一年春，敌人发动春季攻势，侵金华，陷丽水，威胁云和，龙泉告紧。学校决定暂迁松溪。……经过几个月的浩劫，再回龙泉时，大桥不见了，中正街烧得精光了。……

引自雕羊《学书学剑，几生清福到龙泉》，载《电工通讯》1944年第6期

【注释】

抗日战争时期，浙大西迁后，为浙省及东南地区青年入学方便，1939年7月在浙南龙泉设立浙江大学分校，校址在龙泉城东坊下曾家大屋。

"学书学剑，几生清福到龙泉。"是当时的浙江大学龙泉分校中文系教

授胡伦清先生在1941年的元旦集会上口诵的。在许多分校师生的眼中，龙泉的生活虽然很艰苦，但因为有宽松的氛围和良好的学习环境，能在这里学习生活几年，的确是享了"几生清福"。在今曾家大屋一楼中堂，仍保存有这副对联："以弦以歌，往哲遗归追鹿洞；学书学剑，几生清福到龙泉。"

文中记述了1941年秋，各地的新学子在奔向浙大龙泉分校的途中，他们兴高采烈地溯瓯江而上，只见一路峦峰夹江，古木参天，青山碧水。突然一座俏丽的宝塔，俊立于江边的山头，似在仰望和招手欢迎他们。更有一长列建于水面上的木屋亭楼，雄跨大江，就像是在萧山西兴渡口远眺钱塘江大桥一般。众人不禁欢呼起来，"啊！龙泉到了，龙泉到了，这是稽圣潭塔，这是大桥！"一塔一桥成为当时到了龙泉的标志性建筑。

1942年春，日寇发动春季攻势，金华、丽水相继沦陷，威胁云和，龙泉告紧。学校决定暂迁松溪。……经过几个月的浩劫，再回龙泉时，大桥不见了，中正街烧得精光了。

日寇飞机轰炸济川桥

民国二十九年（1940）五月十五日下午四时四十六分，敌机3架侵入城空肆虐，在济川桥投弹多枚，该桥北段第20间起，桥屋7间全被炸毁，木料瓦砾凌乱不堪，桥面大小铺石毁坏多处，其余桥屋瓦片亦多震坏。省建设厅拨款修理。

引自周作仁主编《龙泉民国档案辑要》，中国档案出版社2010年版

【注释】

周作仁，龙泉文史研究专家，编著有《龙泉古文献选编》等。

本文确切地记载了抗日战争时期，日寇飞机轰炸济川桥的时间、被炸后的毁坏情况等。

按：据《龙泉县文史资料》第2辑郭福五撰写的《日军飞机轰炸龙泉见闻》

一文载："1940年（民国二十九年）某月，三架日轰炸机飞临我县城镇上空，对龙庆交通要道、古建筑龙泉济川大桥穿梭轰炸。开始是东西向俯冲投弹，四五枚炸弹均落在桥的两侧，河水飞溅，但一弹也未命中。接着日机又改为以南北向俯冲投弹，一弹命中，炸毁桥中央一间桥屋。"

济川桥毁于火灾

民国三十一年（1942）十月十六日下午，因桥上小贩不慎失火，并因天气干燥，气势猛烈，施救困难，致全桥桥面被毁。

引自周作仁主编《龙泉民国档案辑要》，中国档案出版社2010年版

【注释】

按：据《龙泉县文史资料》第10辑《龙泉县民国大事记》载："由于济川桥大桥上摊贩林立……加之济川桥梁都是上满桐油的百年老松，一燃即着，火势凶猛，一直延烧至晚八时，七十二间桥屋，仅救起南段桥头四间桥房。"

又：据《龙泉县文史资料》第2辑周南撰写的《济川桥火烧目睹记》一文，作者作为现场亲历者，较详细记述了此次火灾的经过：

龙泉济川大桥（屋桥），重建于清同治六年（1867）。桥长约200米，宽5米多，高5丈。造型宏伟，气派不凡，向称瓯江第一大桥。工程艰巨，也居旧处属十县之最。

大桥贯通浙闽，便利南北交通，商旅称便。洪水期间，有专人管理桥门，每逢洪峰险象出现，即紧闭桥门，禁止通行，以确保商旅安全。在荒灾年月，灾民群集桥上，权作栖身之所。桥内施粥之事，也常有所闻。内也有异乡飘零孤客借以度宿，但未许流丐住家，使桥身保持洁净。

1942年日军攻陷丽水之后，省城及外地机关纷纷迁来我县避难，市面畸形繁荣，城镇顿时人满成患。大桥70余间桥廊，也全被摊贩强占一空。他们亦居亦商，其中熟食、点心、茶摊、酒担等满设通桥。但见桥上日夜炉火不熄，

灯光闪灼，人声喧闹，盛况空前。

当时有识之士曾提出告诫，要求有关当局急行整顿，但终因警察局长寿庭置大桥安全于不顾，单顾每摊一月10元许可证收入，作为私人中饱，忍心将大桥命运出卖给游民摊贩。奈何未到百日，当人们方为大桥好景难长担忧挂念时刻，终于大难临头。那是1942年10月某日下午，由于一家熟食小贩不慎，将余烬（未燃尽余火）掉入桥座桥木缝隙处，时值深秋，江风阵阵，那横梁又都是上满桐油的百年老松，因而一燃即着。等到火往桥底上熏，桥上又无蓄水扑救，桥上摊贩只顾各自奔命，遂让火舌冲上桥房。

当大火穿烧桥房之时，大桥两头都不乏英勇青年，他们奋身爬上桥顶，拆瓦除椽，以断火路。可是火焰直冲，火随风势，越烧越烈。县消防设备，更是言之痛心，只有一台旧式桶装喷泵，容量不到400斤水，用人力压提杠杆，一上一下，喷嘴口径不到两厘米，扬程也仅10多米，还有那商民住户所备的旧式铜制水枪，充其量不过30多支。奈何桥高水远，人们只好望火兴叹。到达现场指挥群众救火的，水南是河南镇长蔡焕之，城厢是商会主席刘子明。当时我建议刘子明用炸药炸去着火桥段，可挽救大桥之大半。他去英国军事代表团（驻地在今县防疫站旧址）商讨两个"甲雷"。可是甲雷储在八都仓库，等到往返周折，甲雷运到现场打响，已是晚上8时多光景，仅救起南段桥头四间桥房，留给后人凭吊而已。城镇一面因石桥墩安不上雷，救火观火，人山人海，提防意外，无可奈何之中，只好让它自烧自灭。可惜一座历史名桥，竟因贪官污吏，人为事故，而毁于旦夕，实为千古臭迹和憾事。

浙大龙泉分校捐款助建济川桥

民国三十二年四月二十二日，浙大龙泉分校复函龙泉县政府暨建桥委员会称："重建济川大桥，赞襄有心，事关交通，理应酌情捐募；惟际此物价高涨声中，本分校教职员薪脩微薄，生活困难，赞襄有心，输财无力。兹由本校酌捐助国币 200 元，戋戋之数，聊表蚁忱而已。"

引自周作仁主编《龙泉民国档案辑要》，中国档案出版社 2010 年版

【注释】

本文反映了当时龙泉社会各界纷纷捐款助建济川桥，以及处于战乱时期龙泉百姓"生活困难，输财无力"的无奈。

策杖闲游南大桥

策杖闲游南大桥，瓯江眼底水迢迢。

凌空七十间房屋，疑似蜃楼涌海潮。

南大桥紧接中山街南首市梢，横跨大溪——瓯江上源，相当伟大。桥脚全用巨木支撑。桥面很阔，桥上覆以房屋，计 70 间，288 根柱子。中为大道，可通行汽车，两旁是摊贩市场。熙熙攘攘，人来人往，很是热闹。凭栏下瞻，大溪的水，滔滔不绝，浩浩有声。这桥在 1940 年被日机炸毁，1942 年又被焚毁，其后有否重建不得而知，不过即使重建起来，旧的桥貌是永远消失了。当年的南大桥，只好作梦中之游了。

引自骆景甫《浮生手记》，上海古籍出版社 2004 年版

【注释】

作者骆景甫（1886—1954），1911 年于浙江两级师范毕业，长期从事中、小学教育工作。抗日战争爆发，他带全家流亡到浙南、皖南、浙西一带。其

所著的《浮生手记》，对抗战八年的颠沛流离生活有详尽而细致的记载，书中的《龙泉温梦》一节，录有他作的《龙泉竹枝词十首》，咏当时的龙泉所见。内容包括龙泉剑、剑池、南大桥、西大桥、市民公园、中山公园、金沙寺、大溪、宫头造纸厂、民众剧场等，真实地再现了抗战时期济川桥的情景。

值得注意的是，本文标题《南大桥》，可见早在20世纪40年代前后，济川桥就已有"南大桥"之称，这与1938年印行的《龙泉全图》的附图《龙泉县街道图》中有称"南大桥"的图例，互为印证。

龙泉纪事——济川桥

通庆元的一条大道上的济川桥，桥址创始在北宋，原名清化，由米元章题桥名，桥上有阁，苏东坡题留槎。这桥屡圮屡兴，龙泉与它搏斗的精神实可佩服。战事因变成难民宿舍，不幸失火。黄主席令交通处和县政府合修，历时二年，可惜这桥到现在又生危险；当梅雨不止、溪水大涨的时候，桥在颤抖着，行人心危莫止。使人兴今不如昔之感。

摘自《文汇报·龙泉纪事》，作者匡沙，1945年10月29日

【注释】

这篇《龙泉纪事》中有关济川桥的内容虽然不多，但文中称"这桥屡圮屡兴，龙泉与它搏斗的精神实可佩服"，为历代济川桥文献中第一次有如此之论。又如"战事因变成难民宿舍，不幸失火"；"当梅雨不止、溪水大涨的时候，桥在颤抖着，行人心危莫止。"都是对当时济川桥的真实记载。《龙泉文史资料》第2辑徐承宾、吴克文《龙泉南大桥史话》亦有类似记述："1943年到1944年间，国民党县政府曾向四乡百姓摊派钱物，在原桥址上修筑铺架木桥。将碌石岭、周际岭、石马岭旁的大松树伐下，取成方料，涂以沥青，建成新式的木桥，俗称'洋桥'。可是好景不长，这松木铺设的木桥，因上无盖顶，经不住日晒雨淋，不多时日，就霉烂倒塌。"

如长鲸出波浮动

留槎洲在龙泉城南大溪中，双流夹逝而沙洲峙于中，广（从东到西的长度）不盈十丈，袤（从南到北的长度）二里许。其上有阁，当洪涛泛滥时，合阁与林木如长鲸出波，蜿蜒浮动。阁上有东坡题"留槎阁"三字。

引自民国《重修浙江通志初稿》卷三十三《名胜古迹》

【注释】

《重修浙江通志稿》由浙江省通志馆于民国 37 年（1948）印行。

留槎阁在留槎洲上，远望阁与洲上林木如长鲸出于波涛之中，似在水中蜿蜒浮动，诚为龙泉一名胜古迹。

附录

1964 年南大桥建成通车

南大桥，曾名济川桥，在龙渊镇。因坐落镇南而得名。1961 年动工重建，1964 年 12 月落成通车。横跨瓯江上游龙泉溪，南接水南村，北连新华街，贯通龙（泉）庆（元）公路，系变截面悬链线型空腹式石拱桥。桥位处河宽 187 米，主桥共为 5 孔，每孔净跨 35 米，北岸设一孔净跨 9 米的钢筋混凝土板梁立交桥，南岸设一孔净跨 6 米的石拱立交桥，全长 209 米，桥面行车道宽 7 米，为混凝土桥面。两侧各设净宽 1.5 米的钢筋混凝土装配式人行道。引道长 405 米，其中北岸盘道长 211 米，路基宽 9 米；南岸引道长 194 米，路基宽 7 米。两岸分设登桥的人行梯道 3 对，过桥的人行涵洞二座。

引自龙泉县地名委员会办公室《浙江省龙泉县地名志》1984 年 12 月

【注释】

关于重建南大桥的经过，在《龙泉交通志》（海洋出版社 1993 年 8 月版）中有如下记载：

（济川桥毁于火后，）于民国 32 年（1943）建成木桁架桥 1 座。民国 33 年（1944）4 月 6 日洪发，竹木壅塞，又冲毁北端 5 孔，次年 6 月间又毁 1、2、3、4、6 孔，并石墩 1 座，桥梁毁坏。行人往来在官仓弄渡 11 摆渡过河。民国 36—37 年（1947—1948），济川桥修建委员会主持，捐稻谷 25000 担，拟建 10 孔石拱桥，在棋盘山破土开石，次年 7 月 29 日只在济川桥旧址埋下"奠基石"而已，桥未建成，而改为大桥下游搭便桥过河。从此，时桥时渡，南北往来十分艰难。

解放后，于 1952 年冬架设浮桥 1 座，1957 年春又遭水毁。1959—1964 年期间，国家拨款 137.14 万元，在原址兴建石拱大桥，并命名"南大桥"。于 1959 年 12 月筹建，历经三期施工，于 1963 年 6 月—1964 年 11 月，全桥主拱合龙，12 月全部工程竣工。南大桥由省交通厅工程局设计室设计，载重标准汽 -13、挂 -60，正桥 2 台、4 墩计 5 孔，净跨 35 米，系变截而悬链线型空腹式石拱桥，桥长 209 米，桥面中心海拔 203.7 米，净宽 7 米，两侧各有 1.5 米宽的人行道，外配花版栏杆，柱顶有姿态各异的大理石小狮 120 只，"文革"期间改为云彩。南北桥头两侧各有大理石雕琢的巨狮共 4 尊，"破四旧"时也被清理。

大桥北岸系环形盘道，长 211 米，最大纵坡 4%，平曲线最小半径 16 米，宽 9 米，外侧砌块石挡墙，内侧弹石护坡，环绕一圈半降坡与县城新华大街衔接；在环绕一周时，穿过 9 米净跨的钢筋混凝土板梁立交孔。大桥南墙桥头设有净跨 6 米的石拱立交孔，用以沟通水南的沿溪路。南岸引道长 194 米，纵坡 5%；原以 50 米半径的平曲线降坡与龙庆公路衔接，因紧水滩电站水库区淹没，丽龙改线经过水南而改道直线下坡与之联接。南岸引道穿街地段两侧砌块石挡墙，宽 7 米；全桥引道两端分设人行上桥梯道 3 对，过人洞 2 道，石沟 3 道，用以接通人行道路。

大桥投工 22.15 万工，用水泥 1362 吨，钢材 57.5 吨，铁件 67 吨，木材 1920 立方米，石料 14376.5 立方米。大桥施工中，第三孔采用夹板拱架，发生坍拱事故 1 次，死 1 人，重伤 2 人，轻伤 24 人，损失 3.58 万元，3 号墩采用钢筋混凝土沉井施工中，一人跌落井中致伤。大桥基础均未到岩层，尤其北台欠理想，铺设钢筋混凝土预制联块保护。联块吊环易腐，须定期抽换。南大桥设计新颖，精心施工，气势宏伟，独具一格，富有时代风韵，闻名全省。

二、历代文选

留槎阁记

宋·季南寿

南寿儿时，喜诵古篇章。一日，先君（已故的父亲）口授以留槎阁之什，断章（指摘取相关诗文的片章或诗句）云："凭谁为问槎边客，未必无人犯斗牛。"击节叹赏久之，敢问阁安在？曰："吾邑有济州桥焉。桥之中涌沙成洲，而附桥为阁，杰立于洲之上也。"赋是诗者为谁？曰贤良陈公舜俞也。想是阁之雄伟，味诗词之警迈，固知名非虚得（谓盛名非凭空取得）也。先君又曰："是名也，大书于颜，笔势遒劲，邑人歆艳（歆美，美慕），与其诗，号为二绝。问其颜（额）者谁耶？则曰："眉山先生苏轼也。"自是，益跂慕（向往，仰慕），愿造焉而寄目（观看；注视）。后十年，隶籍于县庠（古代称学校），暇日登临，令人缥缥然（犹飘飘，轻举貌），意气飞扬，而徘徊不忍舍。追思二公足迹不一至，其标榜（夸耀）之深切，模写（泛指描写）之巧妙，周尽厥美，若亲见之，岂有得于冥冥而与造物者为一乎？窃谓天地有英特清迥（才智杰出。清明旷远）之气，尝融结于山川。山灵川后往往呵护隐匿，不肯呈露，必得鸿儒硕生以汗墨藻（指书写华丽的文辞）绚为之摛张（舒展铺张），不容靳啬（吝啬），乃效为祥瑞，播为景物，钟为公卿（意为"钟灵毓秀"，聚合天地之灵气，孕育出优秀人才），于斯阁概见矣。古者以洲为吉祥，诹验（一起效验）表表（卓异，特出）。邑之水自西南二溪而下，发源深桥之上流，则合为一。不数百步，突然有灵洲特起，溪分左右，虽支流有满除（水大小），而此不与之增损，隐如鳌负，其广袤未易，以寻丈（泛指八尺到一丈之间的长度）计。佳木修篁，林矗乎其上；渔舠（一种小渔船，其状如刀形，故名）贾舸（商贾大船，例百舸争流），徙倚乎其侧；烟霭出没，鸥鹭伏见，望之若瀛洲（传说中的仙山）然。故当时指为沙堤之兆，意必有拜相者，载于里谣。未几，清源何太宰首叶是谶（应验预言），为一时王公大人。厥后，登宥庭（宽广的宫殿），联法从（跟从皇帝），髟缨（谓冠缨飘动。指在朝为官）要津者相望（接连不断）。阴阳家以阁之倚桥，颇似今之朝冠（君臣上朝时所戴之冠），兹又嘉谶也。苏眉山第取其景胜，仿佛仙槎，至是而容与（悠然自得的样子）。不论其地灵人杰，自然契合，有可以前知者，无何厄于寇燎（为流寇烧毁），尺椽（一尺长的屋椽。指极小的房屋。形容被烧得精光）不遗，将一新而谋，屡不集。进士张津（张端礼的三子，于南宋孝宗乾道中〈约1168年〉特奏名进士第四，殿试廷对擢第一。授太宁主簿。后引疾辞官，归乡里。），以胶庠（周时胶为大学，庠为小学。后世通称学校为"胶庠"。）之英，慨然为之倡，士庶翕从（张津以太学之英才之身份，慷慨倡议捐资集资，各界人士响应。），苾刍（即比丘，佛弟子）彦时有干翮（有理事才干）出，力董厥（其）事，不浃岁（一整年）而落成，实绍兴二十有八年冬十月也。书来以记文为请，且持不腆（谦词，犹言浅薄）之辞，载其名附二公之后以行远。窃有荣耀，南寿之幸愿（希望）也。乃承命辑见闻颠末（本末；前后经过情形）而并书之。

引自清·乾隆《龙泉县志》卷之十二《艺文志·纪述》

【意译】

我小孩子时，喜爱诵读古文篇章。一日，先父口授一些以留槎阁为内容的诗句，选读"凭谁为问槎边客，未必无人犯斗牛"。对诗句赞叹称赏了很久，就壮着胆问留槎阁在什么地方？先父说："我们龙泉有济川桥。桥中枕沙洲，而留槎阁就是附建在桥上的，高耸于洲之上。"作这首诗的，是才德俱兼的诗人陈舜俞。世有"阁之雄伟，味诗词之警迈"之说，才知道这盛名并非凭空而得。先父又说："留槎阁之名，大书于匾额，笔势遒劲，龙泉人非常赞美，所以将它与陈舜俞的诗，号称'二绝'。问这匾额是谁人所书？先父说："是眉山先生苏轼。"自此我更加向往，希望能亲自造访去看看。

十年后我入籍就学于县庠，闲暇时日登临留槎阁，令人心旷神怡，意气飞扬，徘徊不忍离去。追思陈舜俞、苏东坡二公，他们的经历不一，但对留槎阁夸耀之深切，描写之巧妙，周详而华美，就像是曾亲见之，难道是冥冥之中得与造物者为一体吗？我私下认为天地有清明旷远之气，曾融合凝聚于山川。山灵川后往往互为呵护，隐藏而不轻易呈露，必然要得鸿儒硕生的华丽文辞描写，才美名远播，容不得不舍呈现，于是呈现祥瑞，广为传播美景，钟灵毓秀，孕育人才，都能从留槎阁看得出。

古人以河有沙洲为吉祥，常有特出的效验。龙泉大溪之水自西南两条溪而下，在济川桥的上流，则合而为一。距桥不到数百步，突然有灵异的沙洲特起，大溪分为左右二支流，虽支流水有大小，而此沙洲不与之同时扩大或减少，隐隐如同水中有鳌相负，它的面积大小变易，是以丈计。沙洲有嘉树和修竹，茂盛的林木蠹乎其上；渔舟和商贾大船，往来徘徊在洲侧；云雾缭绕，鸥鹭出没，远望就像瀛洲一样。因此，当时认为这是沙堤之吉兆，里谣说必定会有出高官拜相的人。没多久，清源何执中官至太宰，首次应验预言，一时成为王公大人。其后在朝为官居显要地位者接连不断。阴阳家认为，留槎阁之倚附于桥，颇似当今君臣上朝时所戴之官帽，这又是嘉祥的吉兆。苏眉山取沙洲景胜，仿佛是一仙槎，至是而悠然自得。不论是它地灵人杰，还是自然的意气相投，有可以知其前事，无可奈何竟为流寇烧毁，被烧得精光，计划将要新建，屡次募款集资都未成。进士张津，以太学之英才之身份，慷慨倡议捐资集资，各界人士积极响应。佛家弟子彦时有才干挺身而出，负责修桥之事，于是不过一年而落成，这是在绍兴二十八年冬十月。张津来书请我作记文，且以此浅薄之辞，附于二公之后传播，私下以此为荣耀，亦是南寿的希望。于是遵命辑录事情的前后经过情形，并书记之。

【注释】

作者季南寿，浙江龙泉人。宋绍兴五年（1135）进士，曾官礼部侍郎。著有《入蜀日记》等。

宋绍兴年间，龙泉县城横跨于灵溪留槎洲上的济川桥，及桥上之留槎阁均毁于流寇之火，几次谋划重建因缺乏资金而不成。后由进士张津倡议民间集资，并慷然带头捐款，各界人士响应，于绍兴二十八年（1158）十月重建而成。季南寿应张津之请，作《留槎阁记》。

季南寿的《留槎阁记》，是迄今为止有据可查，最早记述留槎阁的文章，是宋代的龙泉人写龙泉事的美文，颇具文献记载价值意义：

所载陈舜俞赋诗，苏轼书"留槎阁"榜，据陈、苏二人的生平，如前所述应在北宋熙宁四年（1071）所为，由此可推断济川桥及其留槎阁，至少应建于此前的北宋早期。其次，文中所称"附桥为阁""阁之倚桥，颇似今之朝冠"，可见当时留槎阁与桥为一体，阁高耸于桥之中央，远眺颇似宋时官帽的形状。记述了宋人"以洲为吉祥"，留槎洲地灵人杰的风尚。

同时明确记载此次留槎阁重建落成，是在南宋绍兴二十八年（1158）十月。

所以季南寿的这篇《留槎阁记》屡见于历代《龙泉县志》，以及清《浙江通志》《处州府志》，还被收录于今《全宋文》之中。

重建济川桥赋

宋·邑人张永堂

闽、浙之间，山屼水潀（山势高耸，溪水流动），忽势蹲而气聚，乃川夷而陆宽，浮槎瘰仙（喻留槎洲似隐居山泽的术士），一留千年。鳌峰峙兮顽颓（指金鳌山礁石坚固壮实），燕尾分兮回旋。长虹绵亘，以断以连。

老蜃吞吐，非霞非烟。磨斗牛兮欧冶剑之余气，映奎壁（二十八宿中奎宿与壁宿的并称。旧谓二宿主文运，故常用以比喻文苑。）兮老坡笔之如椽。岁改月化，榱厄础颠（桥椽坏桥基倾）。廪（积聚）嵯峨兮坠地，委（曲折）形胜兮流川。视宦游如传舍兮，且莫能欣适于目前，其孰度拘挛越流俗兮，侈轮负而添华鲜。有美一人，瑞钟古鄞。缩缩兮补衮之手，粲粲兮制锦之新。帡幪（覆盖）兮广厦，华腴（衣食丰美，亦指华美）兮阳春，览先贤之遗迹兮舒远睇以凝神。载观载度，乃斧乃斤。役不逾时，劳不及民。蜕楼居于千仞兮止象纬（象数谶纬）于縗旬，纳乾坤于俯仰兮转凉燠（凉热）于呻欬。岩峣（山高峻貌）兮烟霞倒景之上，掩映兮沧洲白鹭之滨。足官府于上界兮隔市声于嚣尘，东望萦纡（溪流纡回曲折），双流合并，深波沉兮一鉴，浅湍鸣兮千兵，虹潜兮古濑动，霓吐兮秋空明。鸢翔鳞跃兮不缴不矰，晨霏夕霞兮倏（忽然）阴倏晴，千变万态兮随物赋形。南望群山，骐骝（青身骊文而黑鬃的马）渴奔，矛森帜旆，虎伏熊蹲。高槐老柏，亏蔽汀潴（平地积水）。岸回溪明，鹭沉鸥舞。西望则复道巍峨（群山高大壮观），金摇碧辉，风高磬远，影矗波随。危阑绝壑，蚁磨峰移。啾啾喋喋，暮往朝复。北望则连冈重重（山冈重重连绵），联甍接堙，郁郁苍苍，春风琴堂。纷吴歌兮楚舞，懂叟白兮童黄。蔚间阖兮晏粲，蔼阡陌兮芬香。前乎此时，支倾补欹。景虽仙兮人凡，名虽存兮实非。后乎此时，趺翼翚飞。囷群蜂兮几席，吸万象兮樽罍。湛玉湫兮半矩，湮璧月兮圆规。冰壶莹兮纤无尘，芷殿涵兮清涟漪。信登临之为美兮，岂吾土之异而疑纷，宾主之更酬兮，共丰年而乐之。发哀弦与急管兮，杂天籁之参差，拍酒船而浮游兮，付埃壒于希夷。舣星槎于霄汉兮，约偓佺（古代传说中仙人）以为期，下视鸾鸠与斥鷃兮，奚霄壤（天地之间）之与云泥。于是饮酣乐甚，客振缨而言曰：大块之间，物各有止。惟修名之长存，旷历劫以谁比。白日兮山阴之画帘，青春兮河阳之桃李。被休嘉于一时兮，振芳馨于百世，奚物理之能，然羌娉德之所致。发造物之精神兮，幸名胜之临此，洗山川之嚣垢兮，冀百度之新美。酹一觞于清湾兮，溯流光于天际，逆双凫（两只野鸭）于青霄兮，留甘棠于此地，所不与坡老而共传兮，其有如于此水。主人舍尔，大啸并起。清风一栏，皓月千里。

引自明《括苍汇纪》卷之七《地理纪》

【注释】

作者张永堂，宋龙泉人，生平不详，约生活在宋宁宗至理宗时期。此《济川桥赋》，亦见于清光绪《处州府志》卷二十八《艺文志》中。

是赋描写济川桥的景色："长虹绵亘，以断以连。老蜃吞吐，非霞非烟。磨斗牛兮欧冶剑之余气，映奎壁兮老坡笔之如椽。"作者登临桥上，"东望大溪东流纡回曲折，双流合并；南望群山如黑骥马奔腾，虎伏熊蹲；西望则群山高大壮观，金摇碧辉；北望则山冈重重连绵，郁郁苍苍。"形象地描写了济川桥四周的山川形胜。赞美是"白日兮山阴之画帘，青春兮河阳之桃李"、"清风一栏，皓月千里"。感叹有幸登临此名胜，与苏东坡共传如此之水。

济川桥记

元·陈雷

县邑有长，始于春秋，秦因其制，至汉尤加详焉。所以承流宣化者也，圣朝参酌古制，县设达鲁花赤（蒙语的音译。元职官名。元代汉人不能任正职，朝廷各部及各路、府州县均设达鲁花赤，由蒙古或色目人充任，以掌实权。），总其柄秩，在尹丞之上。风俗厚薄，本乎身黎元（百姓；民众），休戚系乎政，其任大矣。处之龙泉，号为壮邑。更化垂四十七年而难其人，至治壬戌（1322）秋，达鲁花赤（蒙语的音译。元职官名）兀都蛮承事（治事；受事），被命来守兹土。疲民凋瘵（困穷之民或衰败之象）之余，莫不引颈以望苏息（更生，恢复）。公约已清白，立事强毅，恂恂（小心谨慎的样子）以奉上，煦煦（和乐；和悦）以字民（抚治、管理百姓），剚烦决剧以通敏（通达聪慧），弹豪纠黠以沈断（深沉果断），持衡而赋役均，悬鉴而狱讼理，吏无叫嚣，人乐生聚。至如筑渠堰，饬坊额葺，邮传庶务，毕举灿然可观。县尹徐公，贞寅叶惠爱，曾未再期教化大行。邑有济川桥，实闽浙之要冲，车书（《礼记·中庸》："今天下车同轨，书同文。"谓车乘的轨辙相同，书牍的文字相同，表示文物制度划一，天下一统。后因以"车书"泛指国家的文物制度。亦指推行制度。）通达之所。而山川秀丽，景物繁阜，皆于此而得焉。越泰定（元泰定帝也孙铁木儿的年号）改元（1324）之夏，洪水浩浩，一址中圮，其上十有一楹随而漂泊，操舟者辞难，悬梯（登悬垂的软梯）者心悸，公乃喟然叹曰："利民济物（犹济人，救助于人），吾之心也；桥梁道路，吾之责也。此而不图，于政有缺。"遂首建草创之规，以援病涉（解决渡河之难）。时金沙方丈宗珏，暨资福东堂本胜，倡率舍财，官为给力，架以徒杠（可供徒步行走的桥），护以阑楯（栏杆），度（渡）者如蹈康庄。有乡达（指同乡显达的官吏）治中季公，重念（犹再思）斯役（指干杂事的劳役），慨捐己帑，以主其议。于是官典畴咨（访问、访求），俾司吏（官衙中小吏）、耆旧（年高望重者）分劝，户第出助金帛。首有武山叶君岳，预备砖瓦盖甃（砌砖为桥壁），远迓名胜（似指远近名士），率咸乐从。叠石为砥（砥柱中流），度材为楹（厅堂前的直柱。后泛指柱子。），执引运斤（喻技艺高超），群工奔效，榱桷（桥屋椽）栋梁，版干瓦甓，举备以式。期日落成，足以克践（指恢复）前修矣。苟非长官经始于其先，曷以绪就于其后，其利大矣哉。昔公孙侨为郑大夫，孔子称以恭敬惠义，今公备四者之美，而复知为政之要，其贤于子产矣。邑人悦之，请纪其事。若夫斯桥钱缗之计、工役之数，兹略而不书。泰定元年（1324）十月十一日记。

引自清·乾隆《龙泉县志》卷之十二《艺文志·纪述》

【意译】

……龙泉有济川桥，是来往闽、浙两省的多条重要道路的会合地方，也是上通下达的必经要道。而龙泉山川秀美壮丽，景致风物繁多，都是由此而得。在泰定元年（1324）夏天，因发大水，浩荡洪水冲垮济川桥的中间桥墩，桥上有十一间廊屋随洪水漂去。撑船的人难行，上下桥登悬垂的软梯人心惊肉跳。

达鲁花赤兀都蛮感叹地说："做有利于民的事，是我的心意；修筑桥梁道路，是我的职责。不希望治政有所缺失。"于是制定建桥规划，以解决百姓渡河之难。金沙寺方丈宗珏，及资福东堂本胜，率先响应捐款，官方给予助力，架起可供徒步行走的桥，设防护栏杆，渡河的人如行走在康庄大道。有乡邦贤达季公，再倡建桥之事，慷慨捐助自己的钱，提出他们的主张，于是官吏下访，让办事的小吏及年高望重者分头劝募，各户依次出助金帛。先有有武山的叶岳君，备砖瓦供砌桥壁，远近名士全都乐于跟从。叠石为河中桥柱，取木材为直柱，技艺高超，众工匠纷纷仿效，桥屋的栋梁，护板的干瓦，都按规定预备制作。按计划日期桥建成，"修旧如旧"恢复原来的模样。……对此龙泉百姓非常高兴，请求记录这修桥的前后经过。至于修桥花费多少钱财、用了多少工，这里就略而不记了。泰定元年（1324）十月十一日记。

【注释】

作者陈雷，字公声，元末明初温州（一作嘉兴）人。有《窳庵集》。

本文记叙了元泰定元年（1324）夏，因发洪水，冲垮济川桥中间的桥址，上有十一间桥屋随水漂去。时任龙泉达鲁花赤兀都蛮主政，金沙方丈宗珏、资福东堂本胜，倡率舍财，官民合力，于泰定元年（1324）十月桥修复的始末。这也是元代（1271—1368）近100年间有记载的一次修桥的具体记录。

济川桥记

明·长沙张裕

龙泉为括苍雄邑，当闽浙要冲。邑治南旧有桥，跨双流，计数百武（古以六尺为步，半步为武）。始名清化，今以济川名。中涌沙成洲，构阁于上，先已摧毁者，再逮正德癸酉（1513），复罹孽焰（复患火灾）。长湖朱侯（南昌人朱世忠，嘉靖初知龙泉）来宰斯邑，乃召父老计，乃廉各隅淫祠香田羡金（意为征收各地滥建的祠庙香田和余钱），翼以余俸，经始于嘉靖戊子（1528）春，俾义民管晟等，分任其事，甃石（砌石；垒石为壁。）以固址，度木以植楹（柱），架扛而护楯（阑槛横木），叠墩使高以防水患，砌墙间市以虞火灾，斧斤板干子（树干），来聿兴矣。越岁余，侯擢福州少邦伯（州牧。朱世忠后升福州同知），以阁属吴克泰独建，己丑（1529）冬十有二月落成，仍曰名济川桥。纵则一千尺有奇，横则几四十尺，崇如墉而加倍，企如翼而翚飞（《诗·小雅·斯干》："如翚斯飞。"朱熹集传："其檐阿华采而轩翔，如翚之飞而矫其翼也。"后因以"翚飞"形容宫室的高峻壮丽。）。阁仍曰"留槎"，俯仰峦壑（峰峦和山谷），吞吐光景（日月之光），隐若鳌负，望如蓬瀛（仙境），功何懋哉。繇（相当于"于"）是往来称便，咏歌游息于上，愿见侯而不可得，可谓说以使民知为政矣。侯名世忠，字良弼，江西南昌人，长湖其别号也。嘉靖十三年记。

引自《括苍汇纪》卷之七《地理纪》

【意译】

龙泉为处州有名的县，地当闽浙要冲。县治南旧有桥横跨大溪两支流，距离约有数百武。原先名"清化"，今天以"济川"为名。大溪中涌沙积累成洲，构造留槎阁于桥上，先已被毁坏，再到明正德癸酉年（1513）复遭火灾。南昌人朱世忠嘉靖初知龙泉，就召集父老乡亲商议，征收各地滥建的祠庙香田和余钱，添上自己结余的俸禄，在嘉靖戊子年（1528）春开始，使乡里贤人管晟等，分工负责造桥事宜，砌石加固桥址，砍伐树木以植柱子，架杠保护阑槛，叠高桥墩以防洪水，砌墙隔开廊屋以预防火灾，各种斧子砍树干，各显身手。一年多后，朱世忠调升福州同知，他的属下吴克泰独自续建，己丑年（1529）冬天十二月落成，仍名济川桥。桥长一千多尺，横宽约四十尺，如同加倍的高墙，宛如有翼而高峻壮丽。阁仍叫"留槎"。俯仰峰峦和山谷，吞吐日月之光，隐隐如同水中鳌背，望如蓬莱仙境，功劳是多么大啊！于是百姓往来两岸称便，咏诗游息于桥上，想见朱侯而不能见到，说明百姓深知他的这一政绩。朱侯名世忠，字良弼，江西南昌人，长湖是他的号。嘉靖十三年记。

【注释】

作者张裕，生平不详。 本文清乾隆《龙泉县志》又题作《留槎阁记》。记述济川桥在明正德癸酉年（1513）毁于火后，知县朱世忠于嘉靖戊子年（1528）春主持重建。次年（1529）十二月落成。

朱世忠，南昌人，明嘉靖初龙泉知县。清慎明敏，平易近民，有政绩。据载"民不忍忘，建祠于济川桥留槎阁"。

龙泉济川桥记

明·王应宣

　　吾龙据括上游，为闽、浙咽喉之冲。唐、宋以还（以来），称雄邑矣。治南大溪襟绕，波心涌沙成洲，曾应状元、宰相之谶。旧有桥，横亘其上，而附桥为阁，巍然杰立于洲中。苏东坡题其阁曰"留槎"，米元章题其桥曰"清化"，续太宰何公执中易名"济川"。元戊申（疑为戊寅之误，即元惠宗至元四年戊寅年〈1338〉）火，后皆草桥（简易便桥）。（明）成化壬辰（1472）火，正德癸酉（1513）又火。迨嘉靖戊子（1528）春，南昌长湖朱侯来宰兹邑，乃鬻（卖）淫祠（民间滥建的祠庙，不在祀典的祠庙），募富民，佐以余俸，遂成伟观，抵今七十余年，其资利涉而颂德者不衰。万历己亥（1599）之夏，鲸浪（犹巨浪）为殃，修梁杰阁与波俱颓（倒塌），仅存什之一二，谁不谓斯桥无复续期矣。是秋，南昌章侯来令吾龙（南昌进贤人章文标任龙泉县令），甫下车，毅然力任其事。爰召诸耆老（年老而有地位的士绅），鸠工厐材（招聚工匠，集聚材料），捐俸厝（措置）费，以是年孟冬（农历十月）初旬经始（开始营建），乃命东衙余君绍堂、西衙吴君学书、南衙蔡君应春，轮董其役。筑垛以砥流（砥柱中流），甃石以固址，架木以植楹，披板以护楯。层楼复阁，斗角钩心，画栋雕甍（屋脊雕镂文采），节分拱合。诸如朱侯所立，尤为壮丽，于次年（1600）孟冬告竣。复取苏长公旧额，文以丹垩（指油漆粉刷），规模轩豁（谓轩昂开朗，气宇不凡），望之若瀛岛然。方诸旧制，槎阁若增而高，剑水若澄而深矣。计其时日，岁甫一周（刚刚一周年）。廉（核算）其所用，白金三千有奇，乃公帑（公款）不费，人心乐从。侯何以得此于民哉？语云："佚道（逸道，使百姓安乐之道）使民，虽劳不怨。"此之谓矣。乃昉其制者朱侯，继其美者章侯。二侯皆同乡、同宦，又同成此大役（大工程）。固知旷世相感，其机若有待也。岂朱侯在天之灵，为之默相于其间耶？我龙民之徼惠（请求加惠；求取恩赐。）于两侯者，亦既深矣。异日肖像建祠，翼然临于灵洲上（形容祠屋檐四角翘起，像鸟张开翅膀一样在留槎洲上），奉两侯而尸祝（祭祀）之。俾往来于斯者，知南昌二贤后先相望，讵（岂，难道）偶然哉！

引自清·乾隆《龙泉县志》卷之十二《艺文志·纪述》

【意译】

我们龙泉扼据处州上游，是往来闽、浙的咽喉。唐、宋以来，称为有名的县。县治南有大溪环绕，溪中心涌沙积成洲，曾应出状元、宰相之兆语。过去有一桥，横跨大溪，而阁是附建在桥上，巍然杰立于沙洲之中。苏东坡题其阁曰"留槎"，米元章题其桥曰"清化"，后续太宰何公执中易名"济川"。元戊寅年（1338）毁于火灾，后都是简易便桥。明成化壬辰年（1472）遭火灾，正德癸酉年（1513）又遭火灾。等到嘉靖戊子年（1528）春，南昌长湖人朱世忠来龙泉任知县，于是卖民间滥建的祠庙，向有钱人募款，加上自己结余的俸禄，重建成雄伟壮观的桥，至今有七十余年，因有利于百姓渡河，颂扬他的德政至今不绝。万历己亥年（1599）之夏，大溪巨浪滔滔成灾，济川桥和留槎阁在波涛中都被冲垮，仅存十之一二，谁人都说不知何时再有建桥之日。当年秋天，南昌章文标来龙泉任知县，下车伊始，就果断决定重建济川桥。于是召来诸位年老而有地位的士绅，招聚工匠，集聚材料，捐措置费，在同年十月上旬开工营建，委派东衙的余绍堂、西衙的吴学书、南衙的蔡应春，轮流担任董事，负责建桥工程。筑桥墩砥柱中流，砌石为壁加固桥址，架木植柱，披板护栏杆。廊屋上复建阁，木结构斗角钩心，画栋镂采，节分拱合。一切如朱世忠时所建，更加雄伟壮丽。于次年（1600）孟冬竣工。再取苏轼所书的旧匾额，其题字加以油漆，规模轩昂开朗，气宇不凡，望之如瀛洲仙岛。是仙人住的地方，留槎阁这样高，大溪水这么澄清而深。计算造桥的时日，正好一周年。核算建桥费用白金三千多两，竟然没有花费公款，百姓乐于响应捐助。朱知县为什么能得百姓如此拥戴呢？他说："能使百姓安乐，虽劳而不怨。"能像朱世忠一样有如此善政的，是章文标。他们二人是同乡，先后同在龙泉任知县，又同成重建济川桥这样的大工程。须知尽管朝代相隔久远，但神灵感通是待时而发的。难道朱世忠的在天之灵，能为之默默相助这段时间吗？我们龙泉民众得两知县的恩赐，是很深的。他日画两公肖像建祠，祠屋檐四角翘起，像鸟张开翅膀一样在留槎洲上，内奉两公而祭祀。使往来于济川桥的人们，知道这两位南昌贤人先后的功绩，难道是偶然的吗！

【注释】

作者王应宣，浙江龙泉人，号葆真，明万历乙酉（1585）举人。任奉化谕，升湖广辰州推官，睢州知州，复转绵州，有政绩。

本文记述济川桥在明万历二十七年己亥（1599）夏，被洪水巨浪冲倒塌。是年秋，南昌章文标任龙泉知县，主持重建济川桥，历时一年。作者有感于朱世忠、章文标皆南昌同乡，先后任龙泉知县，又先后重建济川桥这一大工程，造福于龙泉，实乃龙泉百姓之大幸。

按：本文中有称"米元章题其桥曰清化，续太宰何公执中易名济川"。清代梁同书的《重建济川桥记》亦有如是说。此说疑为不确。首先，目前已知济川桥"旧名清化桥，宋太宰何执中易今名，米元章题额"的第一手记载，是见于明成化十八年（1482）修的《处州府志》；修于明万历七年（1579）的《括苍汇纪》亦有同样记载。不知王应宣文此说所据何为。其次，如前所述，济川桥更名之事，最大可能是在宋崇宁四年（1105）何执中拜为尚书左丞期间，而此时何与米元章同朝为官，交往甚好，改名济川桥后，续请米题额似更为可信。

济川桥记

清·徐可先

邑治南有槎洲，二水夹际，旧桥其上，仍覆以阁名留槎，肇名于宋。数筑数圮，费不赀（所费不可计量），近且毁已念年所。桥为浙闽通达（四通八达的道路），霖潦（淫雨，久雨）水溢，震荡冲激，恒有漂溺（常有人漂没而溺死），春夏尤甚，民贾交病之（指百姓商贾不能渡河）。余初莅兹土，旋有构桥之思，奈费繁且厚，民罹兵燹未集，迟之又二年，不忍目击，爰投袂（挥袖，甩袖表示立即行动）起曰：“与其劳民于一时，孰若逸民于百禩（同祀）。”乃登邑父老，商盈诎揆机（商量建桥事务）宜，裕者输财，贫者贡力，云集波汇，绳琢蒸兴，择衿士（指秀才。亦泛指年轻的读书人。）之干而慎者，耆老之廉而敏者，董其事。晨有省夕有课，寒暑靡闲，惰则警之，勤则饩之。凡某阅月（经一月）而告成，又屋其上，得九十庑楼（廊屋），其中以居金仙（指佛像），于是行者休，旅者集，提携捧负，往来不绝。霜波月夕，浮虹亘天，客艇渔艘，爨烟（炊烟）杳霭（云雾飘纱貌），山川增色，民士衍游，溪南北无隔越，病无垫没虞（往来渡河无沉溺之忧虑），区区恻怆（哀伤）用是。以宁成之日觞于楼，曰：“材鸠于山灵也，劳庀于匠石也，役困于吾民，而费集于耆俊（年老而才能优异者）也。余滴涓之俸，安敢诩功（夸耀自己的功劳），而烦吾衿士（指秀才），归德于余。因志岁月，寿诸石以记。役不易兴，功不易成，欲后人时加葺，以永保万年。”

引自清·乾隆《龙泉县志》卷之十二《艺文志·纪述》

【意译】

龙泉县治南有留槎洲，为大溪的二支流所夹绕。一直有桥横跨洲上，桥上有阁名留槎，它的名字发端于宋代。屡建屡毁，花费钱财无数，最近一次的毁坏，也已经有一年多了。济川桥为往来浙闽的通道，因久雨而发洪水，波涛汹涌冲激，常有人漂没而溺，春夏之际更为严重，百姓商贾难于渡河。我初到龙泉任职时，就有建造桥的想法，无奈所需资金繁重，加上百姓遭受战乱而难以筹集。延迟了二年后，不忍再目睹百姓渡河之难，甩袖而起，说："与其劳民于一时，何如逸民于百祀。"于是登门拜访乡里士绅，共商建桥的事务。有财的出钱，无钱的出力，如云朵聚集，似波浪相汇，选择年轻有才干且谨慎之人，年老廉洁而机敏之人，委以董事之职。一日之晨谋划，夜晚则反省总结，从冬到夏没有一天懈怠，对办事不力者予以警醒，勤奋者给予奖励。桥上建得九十廊屋，正中央供奉有佛像。于是行人可以休息，旅行者可以聚集，挑担提货者往来不绝。雪白波浪，月下之夜，浮于水面之桥，如长虹横贯天空，客船渔舟，炊烟缥缈，山川增添光彩，士民纷纷出游，大溪南北没有阻隔，往来渡河无沉溺之忧。桥成之日我饮酒于楼，说："材取自于山灵，工具备于石匠，务工有劳于百姓，而资费的募集，是靠那些年长而才能优异者。我捐的点滴俸禄，怎敢自我夸耀，而有劳秀才们归德于我。因此，记录这一段历史，刻石以作永久纪念。造桥的工程不易兴办，能建造成功更是不容易，希望后人要时时加以修理，以永保万年无恙。"

【注释】

作者徐可先，字声服，号梅坡，江苏武进人，清顺治四年（1647）进士，次年调龙泉知县，有政绩。

徐可先在顺治五年至顺治十二年（1648—1655）任职龙泉期间，办了两件大事，一是在顺治十二年（1655）修并序《龙泉县志》（胡世定、傅梦吁纂）十卷，史称顺治《龙泉县志》，为现存最早的《龙泉县志》。二是顺治六年（1649）主持重建济川桥，并亲自撰写本记，详记建桥的始末。他有感于建桥"役不易兴，功不易成"，所以希望"后人时加葺，以永保万年"。

题僧人等惟募修盘桥缘簿疏

清·范承谟

（清康熙九年）岁庚戌（1670），予（假借为"我"）以行田（经行于田间亲自丈量查勘荒田），历温处，缘蠃蟥之溪（沿着小鱼蠕动的溪水），涉巉岩（孤立突出的岩石）之纪，冲淫雨，冒骄阳，凿阪诛茅（凿开崎岖硗薄的坂田，芟除茅草），深入于虎豹虺蛇（毒蛇）之泽。其翁妪童子，以及襁褛褛襫（蓑衣）之民，远近来观者，曰："数百年来，未闻有外郡参佐（京都以外的州郡官员）一至此者，而我公以吾侪小人（我们这些小百姓），尘泥面目，履崔嵬，趑（行难）险仄，挥汗抑喘，而攀捋于藤葛，噫！独何心哉！"予窃恐上负天子，下愧民生，虽夙驾宵征（早出夜行），初不自知困惫，而遗民概念，翻足凄然，惟是深山急流澎湃之区，僻壤凿落坎坷之涧，方舟不具，厉揭（涉水。连衣涉水叫厉，提起衣服涉水叫揭）皆难，则渐车搴裳（提起衣裳）之叹，未尝不与古人同之，因是而知，徒杠舆梁（可供徒步行走的小桥），盖平政（谓修明政治）君子所急为先务也。龙泉治当万山，而双溪带其南，水无支流，众壑皆汇，故春夏腾沸甚于他川。昔人为之桥者，跨溪枕洲，横亘钜丽（谓规模宏大而华丽），盖欲存诸永久。而米元章题其桥曰济川，苏子瞻榜其洲之阁曰留槎，邑遂以为名胜而争传之。历宋元明之代，屡有兴废。本朝邑令徐可先建而复圮，于是民之病涉（苦于涉水渡川）久矣。南北一泓，限如异域，噫嘻（叹词。此处表示叹息。）！彼古人乘舆（泛指车马）植砖（放置，排放砖）之意，是岂得已（出于自己的意愿）而为之者与。夏六月，予按兹邑，履亩（谓实地观察，丈量田亩。）于宏山，邑之耆老（年老而有地位的士绅）拥车而告，曰："济川桥浙闽孔道也，圮有年矣，民事不遂，商旅不行，邑因是以穷厄然（穷困；困顿）。岁岁议修基，始而莫成者，匪以财耶（意谓无非是缺钱财）。兹属老僧等惟，为劝善裒资（集资）之役，窃惟我公，民所信从，倘出其一词，则仁人之言，重于金玉。"而予适税（刚巧憩息）天堂寺，老僧等惟复以乞言（请求教言）请予，抑谓（而且说）以言教者，不若以身况（亲历访问体验，意谓以身作则），乘梁（桥梁）利涉，皆王政所有事也。乃捡行囊刍粟（刍粮，多指供军队用的饲料和粮食。）盐蔬之费，计其余镪（钱串，引申为成串的钱。后多指银子或银锭。），悉举以示僧，曰："吾非不欲多助以成其功，吾不忍以供亿累吾民，故必计吾费所余者而后及于施济。吾非不欲责之守令，吾不忍以威令强吾民，故必就士民所乐从者，因民利而利之，以汝福利之说，顺其喜悦之心，裒（聚集）多益寡（削减有余以补不足），庶几（或许可以，表示希望或推测）获以有济（有所补益）矣乎。"不日成之，龙之民其永赖也哉。僧肯首（点头表示同意）曰："如公命，敢请公言，以示民庶（百姓）。"于是书予意而贻（贻赠）之。抚浙（浙）使者沈阳范承谟书。

　　浙（浙）之温处台三府，地多荒芜，民皆赔课，先忠正公于戊申年（1668）巡抚浙江，下车之初，即具疏请免三郡荒粮，躬亲查勘，由台温而至处州，高山峻岭，阴晴不辍。己酉（1669）夏杪（末）经龙泉县，县之南门，有桥倾圮，行人病涉，僧人等惟具册请题数语，以为绅士诸民倡。先忠正公嘉其志而书之，人争慕（募款，捐款）义，桥落成焉。越四十有四年，壬辰（1712），崇总督闽浙（浙）军务，等惟之徒孙通秀，携册来闽，捧览之下，手泽如新，不禁泫然，因用双钩勒之于右，以垂久远。先忠正公之踏勘荒田，冒暑跋涉者，承先忧后，乐之训也。等惟以一衲子而募缘修桥，其济人之心诚为可取。虽然成徒杠成舆梁，亦为治之正务，有守土之责者，毋徒寄其权于释氏，则庶几矣。至通秀之守此册而勿替，颇有继志之雅。崇用是益滋愧感。总督福建、浙江等处地方军务兼理粮饷。兵部右侍郎兼都察院右副都御史，男时崇谨志。

引自清·乾隆《龙泉县志》卷之十二《艺文志·纪述》

【意译】

清康熙九年（1670），我经行于田间亲自丈量查勘荒田，经过温州、处州时，沿着有小鱼蠕动的溪水，爬过孤突的山岩，冒着骄阳，淋着绵绵淫雨，凿开崎岖硗薄的坂田，芟除茅草，深入于虎豹蛇虫泽地。那里的老翁老妇和幼童，以及衣衫褴褛的贫民，纷纷远近来观，说"数百年来，没有听说过有京都以外的州郡官员来到这里，而范公为我们这些小百姓，风尘仆仆，行险峻山路，挥汗气喘攀藤握葛，唉！这是为什么呢！"我私自恐怕上有负于天子，下有愧于民生，虽早出夜行，起初不知困倦疲惫，而一想到山中百姓，翻山越岭之苦，就凄然悲凉。深山急流之地，穷山僻壤之涧，没有渡水船只，未尝不与古人同有过河之难的感叹。因是而知道，有可供徒步行走的小桥，是施行修明政治者所当务之急。

龙泉县治处万山之中，治南有大溪而过，众山谷之水都汇集于此，所以春夏两季洪水翻腾汹涌，比其他河流更为严重。古人造桥，横跨双溪枕中洲，规模宏大而华丽，期望能永远利于百姓渡水。有米元章题其桥曰："济川"，苏东坡为洲之阁书榜曰："留槎"，龙泉县以此为名胜而争相传颂。经历了宋、元、明三代，多次兴废。有本朝龙泉县令徐可先重建，而后又塌倒，百姓苦于涉水渡河已很久了。南北一溪相隔，如异域他乡。

康熙八年（1669）夏六月，我按计划到龙泉实地观察，丈量田亩。在宏山，龙泉的一些老年士绅，围着车告诉我，说："济川桥是往来浙、闽的必经之道，倒塌已经好多年了，百姓办事不便，商贾行旅不能，邑因是穷困。每年都商议重修，都有始无终，皆因财力不足。今我县老僧等惟，正在劝善募集资金，我等私下意为，范公为民所信从，倘若能出言助募，有德行人之言，价重于金玉。"在我憩息于宏山天堂寺时，老僧等惟又向我请求，而且说："以言教，不如以身作则。建造桥梁利于百姓渡河，都是国家仁政所为。"于是，我就检查行李刍粮，日常开销，将其结余金钱，悉数交给募僧等惟。同时说："我并非不想多捐助，以助成桥建成功；我不忍心因建桥致使苦累百姓，所以必定会计算所余，尽力资助；我并非不想追责当地的县令，我不忍以威令强迫百姓，所以必定依照士民所乐意去从事。因有利于民而去做，以有利于他们的福利去说，顺应百姓的喜悦之心，削减有余，以补不足，或许能有所补益了。"不久，济川桥重建成功，龙泉民众可永远赖以渡河了。僧点头同意，说："如范公同意，敢请范公记载下来，以示百姓。"于是书写下了以上文字，赠送给他。抚浙使者沈阳范承谟书。

浙江的温、处、台三州府，田地多荒芜，百姓皆亏损，先父忠正公（范承谟）于戊申年（1668）巡抚浙江，下车伊始，即上疏朝廷请免三郡的荒地课粮，亲自去实地查勘。经由台州、温州而至处州，越高山峻岭，晴雨无阻。己酉年（1669）夏末，经过龙泉县的南门，看到有桥倾圮，行人难于渡河。僧人等惟将募修桥的名册呈请题写数语，以倡绅士诸民带头捐资。忠正公嘉奖他建桥的志向，在册上题书后，人们争相捐款，建桥义举终于落成了。四十四年后，即康熙五十一年壬辰（1712），我为总督闽浙军务，等惟的徒孙通秀，携当年先父题书的名册来福建，我捧读阅览，先辈的手迹宛然如新，不禁泫然泪下，因此用双钩勒石于右，以垂久远。先忠正公之踏勘荒田，冒暑跋涉，承先忧后，乐之训也。等惟以佛弟子而募缘修桥，其济人之心诚为可取。虽然建造成桥梁，亦是为官应该做的正事，每个有守土之责的官员，不要仅仅委托于佛教徒，则就差不多了。至于通秀保存遗留的此名册，颇有继承师父之高尚志向之意。我因此滋生感谢惭愧之意。总督福建、浙江等处地方军务兼理粮饷，兵部右侍郎兼都察院右副都御史，男时崇谨志。

【注释】

作者范承谟（1624—1676），沈阳人，汉军镶黄旗，字觐公，号螺山。清朝开国元勋范文程之子，顺治九年（1652）进士，曾任职翰林院，康熙七年（1668），任浙江巡抚。在浙四年，亲勘宁、台、温、处、金、衢六府荒田，奏请免赋，赈灾抚民，漕米改折，深得当地民心。后擢福建总督。在龙泉时，有僧人等惟将募款重建济川桥的名册，呈请范题书数语，以倡绅士诸民带头捐资，后人们争相捐款，济川桥终于重建而成，造福于龙泉百姓。为此，范承谟写下《题僧人等惟募修盘桥缘簿疏》一文，"疏"，即注释、解释之意。

附文作者范时崇（1663—1720），字自牧，号苍岩，为范承谟之子，官至福建浙江总督、左都御史、兵部尚书。

重建济川桥记

清·清安

舆梁（桥梁）之成，所以便行人，占利涉也。县治南门外，有桥名济川，为往来要津。旧制，桥墩五座，上构亭七十余间，需费约二万金左右。嘉庆年间，邑人李濬（同浚）独立任造。事闻于朝，奖叙通判（官名。在州府的长官下掌管粮运、家田、水利和诉讼等事项，对州府的长官有监察的责任），恩至渥（深厚）也。第兴废无常，创修宜继。咸丰戊午（1858），桥毁于粤匪，石墩被水冲击，仅存其三，利济之道缺焉。同治甲子（1864）秋，余来守郡，凡坛坫（法坛）、庙署，善后各工罔不举。继议复是桥，顾甫经兵燹（考虑刚刚因兵乱而遭受焚烧破坏），民力有所未逮（未及，不足），迟之又久。阅（经过）四年丁卯（1867）春，余因公下县，谘访（咨询访问）利弊，惟斯桥为急。乃与邑宰吴君光华（松江人，同治五年任龙泉知县）设法（筹划）建造，各捐廉（捐献除正俸之外的养廉银）以倡，仍延李氏后裔劝示之，得其曾孙森芳昆仲（兄弟）输钱三千缗，而城乡诸殷绅亦慨然乐助，共集资二万金有奇。爰命设局，庀林鸠工，择公正绅士使董役（指监督劳作，也指正其事理），将桥墩增其四，余制循其旧，属吴宰、邢

尹以时督率（监督领导；督促率领）。自经始以迄告成，凡一年余。于是
涓吉（选择吉祥的日子），与邑之官绅大合乐以落之。桥之旁有阁曰留槎，
创自宋邑人何太宰，时苏文忠公为题其额，诚一邑胜观也。近则倾欹
剥蚀（阁倾斜，木料腐蚀剥落），因以桥余费整葺（整修）之，遂焕然一新。
余嘉（夸奖，赞许）邑人之多好义（犹言轻财重义）也，特记其颠末（从开
始到末尾，谓事情的全过程。），并将捐户姓名附勒碑阴，使后有考。董其
事者，李森芳、蔡士荣、蔡士钊、周锡畴、蔡世钦、瞿振声、翁汝舟、
蔡盛名、廖溙秦、蔡邦基、潘德馨、谢凤毛、翁树芬、张永清、叶礼存、
赵裕祥。例得并书。

引自清·光绪《龙泉县志》卷之十二《艺文志·纪述》

【意译】

建造桥梁，用来方便行人，有利于渡河。龙泉县治的南门外，有一桥名
济川，是往来大溪南北的要道。原先的桥，有桥墩五座，上建有廊屋七十余
间，建造费用约二万金左右。嘉庆年间，邑人李浚独立出资负责建造。他的
善事上奏于朝廷，奖励授予官职通判，皇恩至深。但兴废无常，创修应当继
续。咸丰戊午年（1858），桥毁于粤匪，桥石墩被水冲击，仅存下其中的三座，
方便行人过河的桥没有了。同治甲子年（1864）秋，我来处州任职，凡建法坛、
庙署各工禁止兴办。继议复建济川桥，考虑刚因兵乱遭受破坏，民力有所不足，
延迟已久。经过四年后的丁卯年（1867）春，我因公到龙泉考察，经咨询访
问权衡利弊，认为重建济川桥迫在眉睫。于是就与知县吴光华筹划建造，首
先各自捐献养廉银，又得李浚曾孙森芳兄弟捐钱三千缗，而城乡各位富裕的
绅士亦慷慨捐助，共集资二万多金。于是下命设立建桥办事机构，开始采办
林木，聚集工匠，选择公正廉明的绅士担任董事。增加桥墩四个，其余按原
有标准，由吴知县、邢府尹监督领导。从开工到竣工，历时一年多。于是择
吉日，与龙泉县的官绅联合庆祝落成典礼。桥之旁有阁名"留槎"，创自宋

邑人太宰何执中，当时的苏文忠公为题其额，诚为一县的优美景色。因年久阁已倾斜，木料腐蚀剥落，于是用建桥的结余款整修，面貌焕然一新。我夸奖龙泉多轻财重义之人，特记下这次建桥的过程。并且将每个捐款人的姓名，附刻在石碑的背面，使后人有所考据。建桥的董事有李森芳、蔡士荣、蔡士钊、周锡畴、蔡世钦、瞿振声、翁汝舟、蔡盛名、廖涛秦、蔡邦基、潘德馨、谢凤毛、翁树芬、张永清、叶礼存、赵裕祥。依例应当一并书写。

【注释】

本文亦收入清光绪《处州府志》卷二十八《艺文志》中。作者清安，字月舫，满洲官学生。由阁中书转理藩院郎出守栝，同治三年八月之官。才能干练，独矢勤劳，任五载，多有政绩。授山西朔平知府，寻调补太原知府。

济川桥重修记

我邑居括上游，为浙闽要道，城之南，两水合流，一桥横亘，行旅往来必由之。邑人李绅于嘉庆年间独资建造，额曰：济川桥。数十年咸歌利涉。续咸丰戊午岁（1858）邑囊（遭）"粤匪"窜扰，斯桥重没于兵燹，良可既（疑为"概"之误）也。迨至丁卯（1867）春，地方安静（定），疮痍（创伤）渐复，董等方议，因其旧址而兴之。适清太首（指当时处州知府清安）因公来治，邑人联名叩请，遂沐俯准，协同邑令吴公首先倡捐，顷刻间共襄资七千有余，即行择日兴工，分谕董事等前往四乡劝捐。幸众志成城，旬月之内，共成二万六千数。因重修旧墩六，添造墩一，横架桥梁百余丈，建造桥屋七十间，八角亭一座，南立碑亭二所，共用金二万二千有余，其年甫及遂告成功，较之旧制规模犹如数倍，诚善举也。兹幸告竣，共其余积尚有四千余金，因拨一千缮造留槎阁及西乡之宝车桥（旧志载：在西十一都，久圮，同治八年知县顾国诏拨济川桥余款五百串，委县丞陈翰劝捐、督工，生员张云楷等董理重建），现存二千串提入典生息，以为岁修之资。并附捐租一百五十顷，以作佛前香灯，庶口神灵呵护，兴造于前，保全于后，千百年优沾惠政焉，是所原（愿）望也。爰弁数年（疑为"爰弁数言"之误，意为"于是作此碑文"），记之于左。

董事：李森芳　蔡士钦　翁汝舟　蔡士钊　瞿振声

　　　廖涛秦　蔡士荣　周福畴　蔡盛名

同治七年戊辰（1868）岁次季秋月吉旦，云邑陈鹤福敬刻

引自《龙泉县交通志》海洋出版社 1993 年版

【意译】

我们龙泉位居瓯江的上游，为浙、闽之间的重要通道。县城之南大溪，有两支流汇合，一桥横跨其上，是行人往来南北的必经之路。龙泉绅士李浚于嘉庆年间独资建造，匾额书：济川桥。因利于百姓渡河，几十年来歌咏赞美不绝。到了咸丰戊午年（1858），龙泉遭"粤匪"的进犯骚扰，济川桥重新毁于兵燹，感叹非常可惜。等到同治丁卯年（1867）春，地方趋于安定，灾祸损害逐渐恢复，董事们方才商议，在原桥址重造新桥。此时处州知府清安恰好因公来龙泉，百姓联名诚恳请求建桥，承蒙恩准，他协同县令吴光华带头捐款，很快募集到资金七千多两，择日开工兴建。同时，要求各董事分别前往四乡劝捐，幸赖众志成城，旬月之内，成功收到捐款二万六千两。重修六个旧桥墩，又增造新桥墩一个，横架桥梁长一百多丈，桥上造廊屋七十间，八角亭一座，桥南立碑亭二所，共用金二万二千多两，历时一年多竣工建成。与原桥相比，它的规模好像大了数倍，实在是有益于百姓的慈善之举。建桥工程结束后，尚结余资金四千多两，拨一千两用于造留槎阁及西乡的宝车桥；尚余的二千两，存入典当生息，作为每年的桥梁修理资金。同时有捐田租一百五十顷，供作佛前香灯资费。百姓齐声祈祷神灵呵护，建桥于前，保护于后，千百年沾赏惠政的恩赐，这是我们的愿望。于是作此碑文，记之

于左。

【注释】

这是济川桥有史以来，迄今唯一所见由当时建桥董事会设立的石碑文。此碑文系引自《龙泉县交通志》海洋出版社1993年版，其中文字似多有错误。原石碑今是否尚存，有待进一步考证。

本文称此次"重修旧墩六，添造墩一"；前文清安《重建济川桥记》则称"旧制，桥墩五座……石墩被水冲击，仅存其三……将桥墩增其四"，虽两文所称有所不同，但重建后的济川桥桥墩为七个，则是一致的。

自1868年秋重建，至1942年10月济川桥毁于火灾，这一规模延续了75年之久。今见到的民国时期所摄的济川桥照片，即是此次重建后的雄伟壮观之景。

又，碑文末的建桥董事会名单，名列之首的李森芳，系李忠照之子、李存耕之孙、李浚之重孙，故后人有"李家三代义修济川桥"之称。

重举留槎阁　文帝春祀序

清·陆国栋

从来士子之禄籍（为官食禄的簿籍），掌于文昌，而世之范金（以模子浇铸金子，此指规范）以事者，往往多在重楼杰阁之巅。盖以天之六府（古以水、火、金、木、土、谷为"六府"，亦指文昌宫之六星。），必高接斗匡，文光四照。而后菁莪（指育材）棫朴（喻贤材众多）之贤，可林立而茹拔（包含选拔）焉。夫果建得其地，祭荐其敬诚，足以效为祥瑞，蔚为人材。龙邑留槎阁据灵洲之上，凌摩（喻阁高）霄汉，俨若（宛若，好像）鳌负，向奉帝君像于其上。前邑令番禺李公（指李肯文，番禺人，丁巳进士，乾隆十二年任龙泉知县），鸠（聚集）邑之绅士，置田岁祀，其惓惓（念念不忘）

之意，见于序言。再新于南诏唐公（唐朝时征讨南诏的将领李宓），而定方正位（确定各地要有行政官吏），于今尹黄公奎璧之辉久矣，腾烛遐迩（光茫照耀远近）。余己丑（1769）秋，秉铎（指担任文教之官）是庠（县学）。每岁春仲（春季的第二个月，即农历二月。），帝君圣诞，登阁一展瓣香。昨岁司事诸生（明代称考取秀才入学的生员为诸生），以祭产瘠薄，祀事难继为虑，而决策于余。余惟是阁建于前宋，眉山坡老之书颜，舜俞陈君之题咏，与阁之雄杰，昔称三绝。厥后（从那以后）为灾，祝融（火神）再罹孽焰，虽劫火屡经，而免轮屡睹，殆山灵川后冥冥呵护（庇护，保佑），不欲令钟英毓秀（指山川秀美，人才辈出）之地，久即于荆榛沙砾（形容灌木丛生砂子碎遍地的荒芜情景）之场，已可概见。矧（况且，何况）凭槛一望，湾环双涧，隐约层峦，其气象景物，皆献纳于一阁之中。虽蓬瀛（蓬莱和瀛洲。神山名，相传为仙人所居之处。亦泛指仙境。）玉宇不致多让，可谓建得其地矣。顾岁葺之资浩繁（考虑到每年修葺的费用繁重），若非广有所筹，何以垂永久。而绵禋祀（指祭祀），且事观厥（因而）成，而于前贤作人之善政，有其举之，莫可废也。爰首捐薄俸以为倡，而与会诸生咸踊跃酿金（集资，凑钱），增置祀产，自今规模式廓（规模；范围），俎豆（古代祭祀时盛肉类等食品的两种器皿，又指奉祀）常新，所以妥灵（安置亡灵）而荐敬者，将于是乎在。抑余间，览邑乘人材，最盛于宋世，政事何琬，文章叶涛。至元明间，若王刚叔、叶世杰、章三益诸先哲，皆以道德功业，冠冕（古代皇冠或官员的帽子。比喻受人拥戴或出人头地）儒林，炳麟（指光明貌）史简。今山川如昨，景物依然，余韵流风，更久不泯，当必有醇儒（学识精粹纯正的儒者）硕德（大德之人）起而嗣美（继承；接续其美好传统）前徽者，若夫掞华摘藻（施展文采，铺陈辞藻。），弋取（获取）科名，以是为灵洲启瑞，夫乃非余厚望之意也乎？

引自清·光绪《龙泉县志》卷之十二《艺文志·纪述》

【意译】

从来士子的功名簿籍，掌管于文昌帝君；为此，世上往往在重楼杰阁之顶供奉文昌官之六星，以接斗星的辅助，得文采光芒四照，俊士贤材众多。阁有文昌帝君祠，恭敬挚诚祭祀，定能效为祥瑞，聚集众多人才。龙泉留槎阁位据灵洲之上，阁高耸上达霄汉，宛如是灵龟所负，向来供奉文昌帝君。乾隆十二年的龙泉知县李肯文，聚集县乡绅士子，购置田产以供每年祭祀，以示念念不忘之意。

我在己丑年（1769）秋，任职于县学。每年的农历二月，文星帝君圣诞日，登留槎阁献上一瓣花香。负责祭祀的诸位生员，认为眼下的祭产资费太少，担心祀事难以为继，问我有什么办法。我考虑留槎阁建于北宋，有眉山苏东坡的书额，诗人陈舜俞的题咏，与阁之雄杰，号称三绝。虽然以后屡有灾患，但美景屡次还能目睹，几乎是山灵川后冥冥中的庇护，不使这秀美山川，人才辈出之地荒芜。何况登阁凭栏一望，溪水湾环双涧，四周山峦层层，其气象景物，皆献纳于一阁之中，与蓬莱和瀛洲的玉宇仙境不相上下。但每年修葺费用繁重，若非广开筹资来源，怎能使祭祀能永续。对于前贤的一些有效的做法，要继续而不可轻易废除。首先以捐自己的薄俸作为倡导，会同诸位生员踊跃集资，扩大募款范围，增加购置祀产，使奉祀常新。

龙泉人才最盛于宋代，有政事何琬，文章叶涛；至元明间，如王刚叔、叶世杰、章三益诸先哲，皆以道德功业而著称于儒林，光辉于史册。今山川如昨，景物依然，余韵流风，更久不灭，当必有学识精粹之儒者和具大德之人，起而继承和接续这美好传统，施展文采，铺陈辞藻，获取科名，皆是得自于留槎洲的祥瑞。这不正是我所殷切期望的吗？

【注释】

作者陆国栋，仁和人，举人，清乾隆三十四年（1769）任龙泉县教谕（县学的教官），主管文庙祭祀、教诲生员。

传说文昌帝君是主持文运功名的神灵，二月初三是他的诞辰日，因此，民间有"二月初三拜文昌，就能中得状元郎"的说法。古代的文人及学子都要在这天祭拜文昌帝君，祈求得到佑护，带来文运，得到功名。龙泉留槎阁位据灵洲之上，阁高耸上达霄汉，宛如是灵龟所负，一直在此供奉文昌帝君，效为祥瑞，"钟灵毓秀，道德功业，冠冕儒林，炳麟史简"，反映了龙泉兴文重教、诗书传家、人才辈出的优良传统。

重建留槎阁记

清·端木国瑚

凡天地之生，有灵山异水，犹山水之生，有畸人（指有独特志行、不同流俗的人）隽士（才智出众的人），山水而生畸人隽士矣。必期蒲帛（蒲车与束帛。古代作为征召贤者之礼。借指征聘、征召。）之、珪绂（官员拿的玉器和佩带，借指任官）之，收其鸿实（学识渊博），吐其清英（指文字清新挺拔），而后得睹其畸隽也。天地而生灵山异水矣，亦必摘剔（舒展挑剔）之、轩豁（谓轩昂开朗，气宇不凡。）之，耸其气象，露其精神，而后得效其灵异也。不然，荒翳（荒芜摒弃）以摈之，粪壤（秽土）以辱之，则山水之灵必且深伏于九地（喻地的最深处）之下，如畸人隽士之逃于荒榛穷堀（荒芜的边远山洞）而不出，而为世用也，则有山水与无山水同。

龙之邑皆山，山之液注于灵溪，灵溪之淑（本义：水清澈。《说文解字·水部》："淑，清湛也。"）聚于灵洲。洲袤百丈者三，广十之二，浮荡水上，如坠云、如断鳌（如巨龟背）、如覆航（翻覆的航船），皆不足以状之。其底不根不著，其浸不盈不亏，赤阳焦水而趾不暴，白波沸山而顶不沫。上受千百寻灌云注日之川，而一沙不漂；下走千百层穿崖转石之湍，而一气不泄，则洲之异也。宋代跨洲双流为桥，桥之中为杰阁，标虚聚远，权舆万象，类天地初抉，而此洲忽睹也。东坡苏氏以其浮浮荡荡，状槎之流于河汉而不去也，遂以留槎名之，而天壤（天地间）乃有留槎阁焉。其一时英儒硕宦、骚流（指文人骚客之流）石侣（指以乐器石磬为伴）之跰跰而至（纷至沓来）者，莫不援桐挈榼（抚琴拿杯），朝饮山渌（山间清泉），夕吸渊清（渊水清冽），偶迹骈声（指偶句骈文），亦如洲之丛奇擢秀（生长茂盛的植物。比喻人才秀出），羽集鳞纷（像鸟鱼聚集一处），濂濂奕奕（雨或雪很大貌）于数百十年中，而与山水争奇，可谓盛矣。今距其时逾八百载，洲之桥阁，波起波灭，而桥之堁迹屵而嶓者（桥倒塌遗迹如两角貌而突出），且不得谈其仿佛，惟洲岌然一阁。前邑侯李所庇（治理）者，留有断檐，高不逾树。风雨欲来，败瓦先动，缭墙（围墙）之土，锄为鲑圃（呈纺锤形田），登眺凄以绝迹，啸吟阒其无声，林泉凄愤不可言。思何与曩时（以前，往时）之异？岂灵洲之气竭钦？盖桥与阁之坠灭百数十年而不能发其奇也。（嘉庆十年）乙丑（1805）夏，明经李巨川出其家资建桥，以时之宜，移址洲下（即留槎洲洲之东），桥既与洲离，而洲之阁不能合之桥上也。于是，秀才汤君瑾侃然（刚直貌）曰："溪之利在桥，洲之胜在阁。溪有桥而洲无阁，犹人之博带而未冠也。"乃出家赀，不从旁力，而庇具（指具备建阁条件）焉。其兴作之明年四月，余游龙川，至洲上，其功已十阅月矣。余询其旧模，详其新度，基恢于前者二，崇于前者三，阁缘汉起穷木之峻，戴匡（星座名。即文昌宫。因其在斗魁之上，形似筐，故称）六星悬象乎上，面建副阁杓斗在焉。池浚玉水方壶（神山好水）其中，绮亭联缀，状若星含，旁纡青道（引申为东方的晴空），外缭紫垣（星座名。常借指皇宫），仰规俯度，精穷心目。余乃知汤君之勉勉（力行不倦）于此阁者之念甚长，而事甚伟也。当其时，工未竣，余登其阁，巍巍峨峨。固不待缋丹绚碧（绘画绚丽多彩），而浮槛虚骞，飞甍远翥（飞檐振翼而上），已得势于嵯峨万木之上，蠹垒千岩以外。况丹牖（窗户）既启，朱履（红色鞋，借指贵显者）为群，其临眺（登阁远望）之盛，知必云日耸动（向上浮动），鱼鸟企瞻（犹瞻仰），山之伏彩，川之藏灵，与夫沉质幽岩，翳光敻窒者，无不烟消而雾出，而灵洲千百年蜿蜒之气之发，而复伏者之，必日吐而日蒸，而人物之光怪瑰玮（瑰丽奇伟），亦无不山怀水孕而发越其间，以与曩追，逐于风来月往，而遥遥者之不足以相傲于后人也，则阁之助也。至若四时之美，花天雪地，鹭夕莺晨，樵担鱼蓑，酒旗茶鼓，烟波客舫之往来，灯火人家之远近，则登斯阁者，自能得之，不足为斯阁记也。虽记之，亦非汤君之志也。阁经始于嘉庆丙寅（1806）六月。余归复四阅月，汤君以书来曰："八月二十八日阁已落成矣。用工一万三千零，用缗三千二百零。乞为记之。"是丁卯（1807）八月二十八日落成也。余惟以洲与阁之重而目曾睹者记之，以见天地之生有山川之不偶然，而汤君之于此阁亦不偶然也。是为记。

引自清·光绪《龙泉县志》卷之十二《艺文志·纪述》

【意译】

凡天地之生，有灵山异水，就像山水之生，有才智出众的人。而山水生才智出众的人，必期望朝廷征召和任官，用其渊博学识，清新挺拔文字。天地生灵山异水，气宇不凡，高耸气象，显露精神，呈现灵异。不然，荒芜摒弃，视作秽土，则山水之灵，必深伏于九地之下；如才智出众的人，逃于荒芜的边远山洞，而不出来为世所用。如此，有山水与无山水相同。

龙泉四周皆山，山之流水注于灵溪，灵溪之精华聚于灵洲。洲广百丈者三，宽十丈之二，浮荡水上，如天上坠云、如巨鳌之足、如倾覆之船，都不足以形容它的形状。洲有底而不显不露，浸于溪水不满不浅，干旱水浅洲不露址，洪水波沸洲不沉没。上游汇入无数支流，而一沙不漂；下游千转百回穿崖转石，而气势不减，是洲的灵异啊。宋代建横跨洲及双流的桥，桥之中有杰阁，苏东坡以其浮浮荡荡，形似槎之流于河汉而不去也，遂以"留槎"为名。一时英儒名宦、文人骚客纷至沓来，莫不抚琴拿杯，朝饮山间清泉，夕吸清冽渊水，偶作诗句骈文，亦如洲上奇花异木，鸟鱼聚集，风霜雨雪数百十年，与山水争奇，可谓兴盛。

八百多年过去了，留槎洲上的桥及阁，波起波灭，只剩残桥遗迹，洲上一阁岌然可危。以前县令李肯文造的留槎阁，留下的断檐高不逾树，风雨欲来，残片剩瓦先动，围墙之土已锄为田，登临眺望荒迹一片，林泉为之凄凉悲愤，哀叹无言。为何与以前有这么大的差异？难道是灵洲气数已尽吗？（最近一次的）桥阁倒塌，至今已有一百几十年。嘉庆乙丑年（1805）夏，贡生李巨川出其家资建桥，以桥在早先的原址为宜，（从崇因寺下）仍移建于留槎洲之东。桥既然与洲相离，洲上之阁亦不能合于桥上。对此，秀才汤瑾直言："溪之便利在于桥，洲之胜景在于阁。溪有桥而洲无阁，就像官员有博带而没有官帽。"于是他独出家资，在嘉庆十一年（1806）六月始，重建留槎阁。

次年的四月，我游于龙泉，来到留槎洲上，这时他建留槎阁已有十个多月了。我询问阁的原有规制，进而了解新建的规模，基础是前者二倍，高度是前者的三倍。沿袭汉起木构阁之高峻，上悬挂文昌六星之象。碧池有神山好水，华美亭榭连结，排列状如含星。旁东方晴空遥远，外缭绕紫垣星座，仰望规制，俯视尺度，精心设计，悦人心目。我终于体会到汤君对建阁之念想，力行不倦已久，而这个工程又是多么雄伟。我登上在建之阁，尚在绘绚丽彩图；阁外栏杆、飞檐翘角之材，都采自高山茂林；窗户已启，涂红显贵。登阁远望美景，云日浮动，鱼鸟瞻仰，山色多彩，大溪藏灵，无不烟消而雾出。而灵洲千百年曲折延伸之气的生发，龙泉人物之瑰丽奇伟，亦无不因山怀水孕而生，超越从前，追风逐月，相傲于后人，是得留槎阁的辅助也。至于四时之美，春花冬雪，傍晚之鹭，清晨之莺，樵夫担柴，渔翁蓑笠，酒家飘旗，茶店击鼓，烟波江上客舟往来，远近灯火人家。这一切凡登阁者都能看到，而我的这些记述，亦并非完全表现了汤君的志向。

我回去后，过了四个月，汤君来信说："八月二十八日阁已落成矣。用工一万三千零，用缗三千二百零。乞为记之。"是丁卯年（1807）八月二十八日竣工落成。我以一个在洲上重建留槎阁的目睹者作记述，以见证天地之生有山川的不偶然，而汤君之发心重建此阁，也是不偶然的。是以为记。

【注释】

本文亦见于清光绪《处州府志》卷之二十八《艺文志·中》。作者端木国瑚（1773—1837），浙江青田人，字鹤田，一字子彝，晚号太鹤山人。清嘉庆间举人，任归安教谕十五年，以通堪舆之术，道光中被召卜寿陵，特授内阁中书，十三年（1833）考取进士，仍就原官。著有《大鹤山人集》《周易指》等。

本文作者登留槎阁远望美景，云日浮动，鱼鸟瞻仰，山色多彩，大溪藏灵，无不烟消而雾出。从而感叹灵洲千百年曲折延伸之气的生发，龙泉人物之瑰丽奇伟，亦无不因山怀水孕而生，超越从前，追风逐月，相傲于后人，是得留槎阁之辅助也。

三、历代诗咏选

留槎阁

宋·陈舜俞

闻说欧川似沃洲，一溪分作两溪流。

长桥跨岸虹垂地，高阁凌空蜃吐楼。

浩荡乾坤供醉眼，凄凉风雨送行舟。

凭谁为问槎边客，未必无人犯斗牛。

引自明·成化《处州府志》卷第十四《纪载·题咏》

【注释】

陈舜俞（1026—1076），字令举，乌程（今浙江湖州）人。宋庆历六年（1046）进士，嘉祐四年（1059）又举制科第一，英宗时官天台、四明知州。官至都官员外郎，曾三上疏谏青苗法，被贬居秀州白牛村，因自号白牛居士。舜俞少学于胡瑗，长师欧阳修，友司马光、苏轼，慷慨有大志，以天下为己任。及贬死，苏轼以文哭之，称其学术才能兼百人之器。其为诗皆直抒胸臆，为文皆切时政，洞达事理。有诗文集《都官集》十四卷，以官职名集。后佚。

按：陈舜俞《都官集》（四库全书本）卷十三《留槎阁》诗首句，与明成化《处州府志》同，均为"闻说欧川似沃洲"。清光绪《金华县志》卷十五《金石志》所载的宋碑《寄题欧川留槎阁诗图石刻》，亦为"闻说欧川似沃洲"。欧川，即龙泉溪、灵溪，因欧冶子于此铸剑而名。"似"又有"给予，送给"之意，例贾岛《剑客》"今日把似君，谁为不平事"。故"欧川似沃洲"，谓沃洲（留槎洲）系龙泉溪所衍生，乃是灵溪之洲。而明万历《栝苍汇纪》、清乾隆《龙泉县志》等均作"闻说槎洲似沃洲"。槎洲，即留槎洲；

沃洲，原意为肥沃之洲，又指浸浮于水中之洲。如说"槎洲似沃洲"，指留槎洲似浸浮于水中之洲，其含义与"闻说欧川似沃洲"不同。

又，第四联"凭谁为问槎边客"，一作"凭谁为问乘槎客"。

留槎阁

宋·何之奇

青桥南北卧晴虹，傍结雕甍势倚空。

朱户夜开千嶂月，画帘凉卷夹溪风。

香倾绿醑登临外，影落澄波聚散中。

此景世间寻不到，凭栏人在广寒宫。

引自明·成化《处州府志》卷第十四《纪载·题咏》

【注释】

作者何之奇，号才翁，何琬之父，有称"隐士"，为龙泉地方乡绅，亦能诗，祝穆《方舆胜览》卷九曾引述他的这首诗句。苏轼所题"留槎阁"三字，即是才翁与其泛舟西湖时，得其墨迹，带回家乡龙泉。

晴虹：雨后的彩虹，常喻指桥。雕甍：指桥上雕镂文采的阁亭屋脊。朱户句：夜晚打开留槎阁朱红色大门，能见到高悬群山之山的月亮。绿醑：绿色美酒。广寒宫：传说唐玄宗于八月望日游月中，见一大宫府，榜曰"广寒清虚之府"。后因称月中仙宫为"广寒宫"。

按：清乾隆、光绪《龙泉县志》首句作"长桥南北卧晴虹"。又，南宋祝穆《方舆胜览》引何之奇诗句，将"画帘凉卷夹溪风"句，作"画帘秋卷两溪风"。

留槎阁

宋·季宗仪

危阁势凌空，长桥卧亘虹。下流双涧水，高入四轩风。

秋月当天白，春花夹岸红。往来人到此，真在画图中。

引自明·成化《处州府志》卷第十四《纪载·题咏》

【注释】

作者季宗仪，生平不详。

危阁：高阁。例"危阁依天外"。亘虹：横贯天空的彩虹。四轩：指高耸的留槎阁四面窗户开启而敞朗。秋月当天白：白色的秋夜月亮，指秋天的月亮美景，代表秋天的祥和、清凉和宁静。例杜甫《琵琶行》："东船西舫悄无声，惟见江心秋月白。"

留槎阁

宋·陈赓

十里虹桥植画阑，更来危阁出云端。

绮窗日透青天近，鳞瓦烟生急雨干。

百里奇峰堆岸翠，一溪流水照人寒。

宦游踪迹知何定，到此登临仔细看。

引自明·成化《处州府志》卷第十四《纪载·题咏》

【注释】

作者陈赓，生平不详。

画阑：有画饰的栏杆。绮窗：喻留槎阁雕刻或绘饰得很精美的窗户。鳞瓦：似鱼鳞片状的屋瓦。

济川桥

宋·邑令鹿昌运

寻河仙客记留槎，杰阁凌空几岁华。

内翰扁头依旧揭，贤良绝唱至今夸。

断虹指日光相映，飞蜃摧风势欲斜。

要使济川增壮观，欲将消息问千家。

引自清·乾隆《龙泉县志》卷之二《建置·桥渡》

【注释】

作者鹿昌运，宋嘉泰年间任龙泉县令。鹿昌运的后任县令袁倬于嘉泰二年（1202）委托僧人智伦主持改造修葺济川桥。

内翰扁头：指苏东坡题留槎阁匾。贤良绝唱：指陈舜俞咏留槎阁诗。断虹：一段彩虹，喻济川桥。蜃：传说中的蛟属。能吐气成海市蜃楼。飞蜃，此亦喻指济川桥。

按：明成化《处州府志》卷第十四《纪载·题咏》中，题为《留槎阁》。"壮观"作"壮冠"，"欲将"作"为将"。

济川桥

宋·邑人陈嘉猷次韵

此地天教系断槎，古来剑气属张华。

长桥高阁一时胜，巨碣雄篇众口夸。

曾是斗牛相照映，不应风雨肆欺斜。

令君小试扶颠手，便有欢声霭万家。

引自清·乾隆《龙泉县志》卷之二《建置·桥渡》

【注释】

作者陈嘉猷，字君谟，号献可，浙江龙泉人。秀悟出人，甫数岁，日诵千言，属文有奇气，先登神童科，宋乾道八年（1172）登进士第，累官至礼部尚书。

次韵：旧时古体诗词写作的一种方式。按照原诗的韵和用韵的次序来和诗。

古来剑气属张华句：张华（232—300），字茂先，西晋时政治家、文学家。据记载，吴灭晋兴之际，斗牛之间常有紫气，豫章雷焕知是"宝剑之精，上彻于天"，其地在丰城。于是张华任命雷焕为丰城令，雷焕到任后，于狱中挖出龙泉、泰阿两口宝剑，紫气也就消失了。一时胜：指济川桥一时成为龙泉的胜景。巨碣雄篇：喻指济川长桥和陈舜俞咏留槎阁的诗篇。扶颠手：能扶持危局的手。

济川桥

宋·邑人吴补之次韵

平地银潢著汉槎，朝冠呈象应荣华。

遂令剑水传清胜，便拟瀛洲不浪夸。

已得断虹新接续，难叫吐蜃尚横斜。

济川正属贤侯手，何必区区问大家。

引自清·乾隆《龙泉县志》卷之二《建置·桥渡》

【注释】

作者吴补之，浙江龙泉人，宋孝宗淳熙十四年（1187）登进士第。

银潢：指天河，银河。喻济川桥宛如天上银河显示在留槎洲上。朝冠呈象：指留槎阁高耸于济川长桥中央,远眺颇似宋时那些荣华富贵官员的官帽形状。

清胜：清雅优美。

济川桥

宋·邑令张珽次韵

亭亭高阁倚仙槎，无限风光与月华。

浩荡乾坤诗句写，崛奇山水画图夸。

青溪不到经春久，朽槛无端入雨斜。

修得凤楼须大手，欢呼浑欲助公家。

引自清·乾隆《龙泉县志》卷之二《建置·桥渡》

【注释】

作者张珽，为南宋理宗嘉熙年龙泉县令。

月华：月光；月色。崛奇：奇特，特异。青溪：碧绿的溪水。

留槎阁

杨 介

练泻澄晖两派流，耸然飞阁跨中洲。

画桥截水虹光动，碧栋藏云蜃气浮。

风月有情留客醉，溪山无语伴谁愁。

凭栏指点星河近，好泛仙槎八月游。

引自明·成化《处州府志》卷第十四《纪载·题咏》

【注释】

作者杨介，生平不详。

练泻澄晖：两支流溪水如练晖映着清光。蜃气浮：一种大气光学现象。
常发生在海上或沙漠地区的"海市蜃楼"，古人误以为蜃吐气而成。

留槎阁

宋·吴势卿

留槎阁外记前回，龟伴高斋今再来。

试问剑州余父老，棠阴勿剪又裁培。

引自宋·吴势卿《寿王通判五首》其三

【注释】

作者吴势卿，字安道，号雨岩，建安（今福建建瓯）人。宋理宗淳祐元年（1241）进士。宝祐中（1255）知处州。景定三年（1262），由浙西转运副使致仕。今据《四库全书》本录文。

龟伴高斋：指济川桥上的留槎阁，邻近崇因寺前大溪中的金鳌山（犹鳌脊稍露而名）。棠阴：棠树树荫。《诗经·甘棠》："蔽芾甘棠，勿剪勿败，召伯所憩。"此为周人怀念召伯德政的颂诗。后因以"棠阴"喻惠政或良吏的惠行。

济川桥

宋·真山民

十二栏干百尺台，登临洗尽眼中埃。

沙痕长与水吞吐，桥影不妨船往来。

两岸楼台随世换，四山图画自天开。

槎边今古无穷思，都付西风酒一杯。

引自清·乾隆《龙泉县志》卷之二《建置·桥渡》

【注释】

作者真山民，宋末处州龙泉人，自呼山民，或云名桂芳。李生乔尝以为不愧其祖真德秀，故知姓真。痛值乱亡，深自湮没。所至好题咏。有《真山民集》。今据《四库全书》本录文。

沙痕长与水吞吐句：留槎洲随每年大溪水的涨落而泥沙流动变迁。

按：诗末句"都付西风酒一杯"，光绪《处州府志》卷三十《艺文志下·诗篇》作"都付东流酒一杯"。

留槎阁寓感

宋·真山民

俯仰乾坤为一嗟，西风原上夕阳斜。

石麟已换延陵冢，银汉今无博望槎。

前古英雄俱寂寞，黄昏灯火自喧哗。

不惟人事年年改，近日灵洲水没沙。

引自清·乾隆《龙泉县志》卷之二《建置·宫室》

【注释】

一嗟：嗟，感叹词。此作赞叹。例《宋史·王质传》："见其所为文，嗟赏之。" 石麟：即石麒麟，古代帝王陵前的石雕麒麟。延陵冢：指春秋时吴公子季札墓，季札以贤著称，称延陵季子。博望槎：指汉代张骞乘槎至天宫事，张骞曾封博望侯。

题苏轼所书济川桥留槎阁

元·王毅

簾幕天香桂子秋，白沙翠竹护中洲。

平分风月双溪水，高摘星辰百尺楼。

铸剑空怀今古迹，留槎不碍去来舟。

长虹可接天河路，我欲梯云汗漫游。

引自元·王毅《木讷斋文集》卷五

【注释】

作者王毅（1304—1355），元处州龙泉人，字刚叔，号木讷斋。六岁知书，及长通览经史，并以躬行为本。荐为检讨编修，坚辞。还乡里，设教席。胡深、章溢、徐操、季汶等均为其高足。著《木讷斋集》五卷，附录一卷。本诗题清乾隆《龙泉县志》卷之二《建置·桥渡》作《济川桥》。

簾（帘）幕：遮蔽门窗用的大块帷幕。形容留槎洲上弥漫着盛开的秋桂天香。汗漫：广大，漫无边际。喻指漫游之远。

寄题留槎阁

元·胡助

龙泉爽气干牛斗，处士幽居意自闲。

高阁卧云超物表，古槎流水寄人间。

尚疑星石千年在，曾泛天河万里还。

不用城都重访卜，此生真遁好溪山。

引自元·胡助《纯白斋类稿》卷之九

【注释】

作者胡助（1278—1355），元代婺州东阳人。字履信，自号纯白老人，曾任温州路儒学教授，两度为翰林国史院编修官。有文集《纯白斋类稿》。今据《四库全书》本录文。

爽气：明朗开豁的自然景象。幽居：隐居。星石：陨星；陨石。真遁好溪山句：真是个隐退山林的好地方。

留槎阁

丽水金信

此景真如白鹭洲，势分燕尾屹中流。

压波横亘三千尺，接汉高撑十二楼。

倚遍危阑成胜赏，回看大块亦虚舟。

我来吟眺兴怀处，笔力无能挽万牛。

引自清·乾隆《龙泉县志》卷之二《建置·宫室》

【注释】

作者金信，生平不详。

势分燕尾：指留槎洲位于大溪中，分溪水似两燕尾般支流。

登留槎阁

周廷立

高阁凌虚接太空，水光山色四时同。

我来无限登临意，都在凭栏一笑中。

引自清·光绪《龙泉县志》卷之十二《艺文·诗》

【注释】

作者周廷立，生平不详。

凌虚：升于空际。水光山色：泛指山水景色。形容山水秀丽。

济川桥

顾□英

飞阁岩峣枕碧漪，使君清夜正留宾。

檐前错落星河影，欲泛灵槎一问津。

引自《括苍汇纪》卷之七《地理纪》

【注释】

作者顾□英，生平不详。

岩峣：山高峻貌。形容留槎阁高耸济川桥上。使君：汉代称呼太守使君，汉以后用作对州郡长官的通称。檐前错落星河影句：在留槎阁上眺望，只见阁檐前倒映河中错落摇曳的天上星影。问津：打听渡口。

济川桥

明·邑令章文标

长桥雄阁寄浮槎，物色新裁景自华。

龙卧沧江窥窟宅，蜃翻栋宇出云霞。

济川我愧图无梦，题柱人惊笔有花。

刻羽和难邹律动，春风吹散万人家。

引自清·乾隆《龙泉县志》卷之二《建置·桥渡》

【注释】

作者章文标，进贤人，举人。明万历年龙泉知县，于万历二十八年（1600）主持重建济川桥。

寄浮槎：喻指济川桥及留槎阁依附在留槎洲上。物色：风物，景色。沧江：江流；江水。以江水呈苍色，故称。题柱人：指在济川桥廊屋柱上题楹联人。刻羽：指按照曲调规律作曲和演奏。刻，急刻，急切；羽指羽调，古代乐律中的调名。邹律：相传战国齐人邹衍精于音律，吹律能使地暖而禾黍滋生。后以"邹律"喻带来温暖与生机的事物。

春日登留槎阁有感

张 和

留槎高阁逼银河，醉依阑干感概多。

万灶炊烟生暝色，两溪流水涨春波。

文章壮丽思南寿，笔力雄豪忆老坡。

何日再逢元结手，穿碑千尺许重磨。

引自清·乾隆《龙泉县志》卷之二《建置·宫室》

【注释】

作者张和，生平不详。

留槎阁

季庭悦

僧馆似仙居，群峰列画图。钟声千户暝，帆影一舟孤。

新水雨余后，芳樽月上初。浩歌澄俗虑，名利复何如？

引自明·成化《处州府志》卷第十四《纪载·题咏》

【注释】

作者季庭悦，生平不详。

钟声千户暝句：指暮色中寺院的钟声传遍千家万户。芳樽：亦作"芳罇"，精致的酒器，亦借指美酒。浩歌：放声高歌，大声歌唱。

晚登留槎阁

明·叶子奇

百尺留槎溪上楼，山光水色共悠悠。

龙腾宝剑无踪迹，闲依阑干数钓舟。

引自清·乾隆《龙泉县志》卷之二《建置·宫室》

【注释】

作者叶子奇，字世杰，一名琦，号静斋。浙江龙泉人。元末明初在世。专心于学，凡天文、历史、博物、哲学、医学、音乐之书，无不研读。有《草木子》《太玄本旨》《范通元理》《静斋诗集》《静斋文集》等行世。

留槎阁秋日怀古

明·叶子奇

留槎溪头霜叶黄，水天上下秋茫茫。

古人无复照清影，渔舟依旧歌沧浪。

非惟地当山尽处，亦是秋绝雁来乡。

千年欧冶剑何在？空有乱鸦啼夕阳。

引自清·乾隆《龙泉县志》卷之二《建置·宫室》

【注释】

清影：清朗的光影；月光。沧浪：青苍色。多指水色。《孟子·离娄上》："有孺子歌曰：'沧浪之水清兮，可以濯我缨；沧浪之水浊兮，可以濯我足。'"后遂以"沧浪"指此歌。千年欧冶剑何在句：与上一首《晚登留槎阁》的"龙腾宝剑无踪迹"句，都是作者以欧冶子在龙泉铸剑事，借以感叹世事变迁和人生的沧桑。

刘令君招饮留槎阁四述

明·许国忠

谁驾飞梁逗客槎，一溪烟水隔繁华。
与君共倚危楼望，翠压苍崖绕万家。

城市山林接惠桥，留槎高阁欲凌霄。
晓来忽散千峰雨，触石冲风起怒涛。

共君此日一登楼，杯酒论心意转投。
潦到烟霞监物外，谩将题柱羡封侯。

龙溪廉阁倚天开，有客乘槎问俗来。
仰视满城封比屋，知君雅负济川才。

引自清·光绪《龙泉县志》卷之十二《艺文·诗》

【注释】

作者许国忠，安徽宣城人，举人，同知府事。慈祥廉洁，历署府县，咸以仁称。任八载，擢万历年间处州府知府，益励精图治。本诗描写了作者应明万历年间龙泉知县刘时雍的邀请，登留槎阁饮酒赏景抒怀的情景。此诗表明留槎阁成为当时名胜，已是官府接待宾客的必到之处。

飞梁：凌空飞架的桥。此指济川桥飞架大溪留槎洲。烟水：雾霭迷蒙的水面。

留槎阁观竞渡

明·夏舜臣

曾闻槎使泛银河，谁构危楼牛斗过。

时值天中佳气盛，游乘政隙客情多。

驾龙恍若蓬瀛境，夺锦追芳魏阙阿。

凭眺浮生云是乐，星房宾主事如何。

楼开溪角水天悬，半依长虹半倚川。

佳节伤心标虎艾，汨罗抒愤斗龙船。

羽觞飞递酣歌舞，锦绮重围杂管弦。

溪水新添波献秀，登临逸兴即真仙。

引自清·乾隆《龙泉县志》卷之十一《风俗·岁时》

【注释】

作者夏舜臣，字绍禹，怀远（今安徽怀远县）人，举人，明万历年间任龙泉知县。据清乾隆《龙泉县志》记载：龙泉端午节"自五月初一至节日，竞渡尤胜，观者如堵。"夏舜臣的这首诗记述了作者在留槎阁上观看龙舟竞渡的盛况。

天中：端午节的别称。陈元靓《岁时广记趁天中》："五月五日，乃符天数也，午时为天中节。"夺锦追芳：在竞赛中获胜，与他人媲美。魏阙：指宫门上巍然高出的观楼，其下常悬挂法令，后用作朝廷的代称。此指龙泉民俗端午龙舟竞渡是官方所赞赏的。汨罗：即汨罗江。战国时楚诗人屈原忧愤国事，投此江而死。后借指屈原。

危阁斗牛

明·吴江顾大典

飞阁岩峣枕碧潾，使君清夜正留宾。

檐前错落星河影，欲泛灵槎一问津。

引自清·乾隆《龙泉县志》卷之一《舆地·景物》

【注释】

作者顾大典（1540—约1596），字道行，号衡寓，苏州府吴江（江苏苏州）人，明隆庆二年（1568）进士，历仕会稽教谕、处州推官、福建提学副使。

危阁斗牛：系龙泉旧志载"十四景"之一。岩峣：山高峻貌。此处形容留槎阁的高大雄伟。使君句：这指当时的龙泉知县在清静的夜晚邀作者登留槎阁。

留槎阁

清·邑令李肯文

朝出剑川南，暮宿剑川北。川光艳明霞，奔流相潋滟。

中有杜若洲，黝然灵气积。含孕贮精英，建置溯开辟。

临流构层轩，巍巍高百尺。耸矗动星文，纡回引地脉。

眉山勒嘉名，历岁已七百。迩来汩鲸波，碑记多薄蚀。

肆予宰兹县，具有簿书责。虽余观化心，往往为形役。

偶从鞅掌暇，眺啸仙灵宅。晨拱万峰青，秋飞一涧白。

驾言因夙构，招携勤指画。勖哉鸠良工，戮力萃群策。

选财罗八方，厥制乃孔硕。登临散尘襟，列坐岸赤帻。

缅彼渊岳秀，灵奥在挥斥。既有留槎名，岂无乘槎客。

请看天河源，谁检支机石。

引自清·乾隆《龙泉县志》卷之二《建置·宫室》

【注释】

作者李肯文，广东番禺人，清乾隆二年丁巳（1737）进士，乾隆十二年（1747）任龙泉知县。据记载李肯文于桥西数百步，留槎洲之上别建留槎阁，其上祀文昌之神。置田租十五石，以供香火。后因李肯文调任，尚未竣工。

渏湑：流水波涛相击声。"中有杜若洲"两句：指大溪中流沙沉积成洲，冥冥中积聚了灵气。黝然：深黑色；幽静。此处作冥冥中解。"建置溯开辟"句：重建济川桥追溯当初的旧制。纡回：曲折；回环。迩来汩鲸波：最近以来涌动巨浪。碑记多薄蚀：重建济川桥每有刻碑纪述，惜多毁于风霜雨雪的侵蚀中。支机石：传为天上织女用以支撑织布机的石头。

留槎阁

清·邑人吴志健

剑水驻仙槎，灵洲隔双渡。高阁峙其上，登眺得真趣。
云树绕菁葱，烟波狎鸥鹭。苏米笔有神，千秋增概慕。
年来叹倾圮，荒基窜狐兔。李侯神仙姿，登高工作赋。
治绩既维新，华构亦复故。胜地迹不湮，河源寻有路。
人杰由地灵，看蹑青云步。

引自清·乾隆《龙泉县志》卷之二《建置·宫室》

【注释】

作者吴志健，字克纯，号恒斋，浙江龙泉人。清乾隆十一年（1746）贡生。博学工诗，尤精篆刻。曾任慈溪县训导，修学校，立课程。因母丧辞归，时诸生赋诗送行，有"九年教泽三春雨，一片归帆两袖风"之句。著有《燕游草》《纪胜集》《吹齑馀韵》《世美堂印谱》等。

"李侯神仙姿"句中李侯：指乾隆十二年（1747）任龙泉知县的李肯文。

留槎阁

清·邑人陈培元

杰阁飞甍驾碧汀，荷风杏雨入檐馨。

倒垂虹影凌云汉，高拂龙文摘斗星。

秋水半江双鹭白，晴烟万里一峰青。

振兴好藉贤侯手，为续东坡旧典型。

引自清·乾隆《龙泉县志》卷之二《建置·宫室》

【注释】

作者陈培元，生平不详。

飞甍：指飞檐。借指高耸的留槎阁。

留槎阁

清·林铨

登楼涤烦襟，答尔尘虑屏。新蝉高树鸣，野趣阁边领。

青浮树杪山，卷尽湿云影，仙槎倘许乘。银河正耿耿。

引自清·光绪《龙泉县志》卷之二《建置·宫室》

【注释】

作者林铨，浙江龙泉人，邑庠生（即秀才。明清科举制度中县学生员的别称）。

涤烦襟：涤荡烦闷的心怀。

咏济川桥

清·阮元

括郡龙泉占上游，长桥横亘留槎洲。
南通闽客三千路，东达瓯江万里流。

苏老颜亭增胜概，米颠题石仰前修。
卅年倾圮今重建，利济应推第一筹。

引自阮元《揅经室集》四集《诗卷》

【注释】

作者阮元（1764—1849），字伯元，号芸台，江苏仪征人。清乾隆进士。历乾、嘉、道三朝高官，曾两度任浙江巡抚，多有惠政。以体仁阁大学士致仕。有诗文集《揅经室集》五十四卷。本书所辑据《四部丛刊》本录文。

济川桥

邑人真克齐

残阳挂林杪，徒倚看鸦栖。山转疑溪尽，桥高见树低。
数家村上下，两岸水东西。何日成幽隐，时时一杖藜。

引自清·光绪《龙泉县志》卷之二《建置·桥渡》

【注释】

作者真克齐，生平不详。

林杪：树梢，林外。幽隐：指隐蔽之处。或指隐居未仕之人。杖藜：用藜的老茎做的手杖，质轻而坚实。

乾隆戊寅喜济川桥落成

清·邑人季汝明

病涉无须叹水滨，长桥影落彩虹新。

斧斤初罢云中响，行旅交驰镜里人。

石马烟飞槎阁雨，金鳌浪长剑川春。

倚阑此日真图画，两岸人家笑语频。

引自清·光绪《龙泉县志》卷之二《建置·桥渡》

【注释】

作者季汝明，浙江龙泉人，字旭光。五岁孤，母亲授，感奋积学，弱冠游庠，留太学肄业，因母年高乞归。据载清乾隆十六年（1751）济川桥墩一座倒塌，二十二年丁丑（1757）龙泉知县朱绶主持修复落成。本诗题《乾隆戊寅喜济川桥落成》，说明这次修复落成应是乾隆二十三年戊寅（1758）。

留槎阁

清·胡珽

槎洲一片河桥西，槎上建阁眉山题。

洪流震荡风浪涌，此槎高与波涛齐。

沙痕逐水共消长，中流砥柱分双溪。

坡仙足迹未到此，舜俞传述工摹拟。

髯苏抚掌称得之，桑田沧海千年矣。

探源星宿思汉家，此毋乃是张骞槎。

当时弃掷东海畔，随流直上龙渊沙。

如椽大笔喜题额，留槎两字名非夸。

字迹湮没阁名著，夜来贯月生光华。

我家武林数名胜，湖波如镜双堤映。

楼台杨柳水心亭，神仙宫阙蓬莱境。

彼借人工此天造，千秋万古沙横亘。

又闻海上三神山，风雨离合顷刻间。

三山可望不可到，珠宫贝阙难跻攀。

不如此阁凌绛霄，春波圆折停兰桡。

槎上登临阁上望，夕阳金碧对虹桥。

引自清·光绪《龙泉县志》卷之二《建置·宫室》

【注释】

作者胡斑，钱塘人，清咸丰二年（1852）任龙泉训导。训导：官名，为县学教谕之副。掌训导启迪学校学生，并帮助学政评定学生品行优劣。

珠宫贝阙句：用珍珠宝贝做的宫殿难攀登。绛霄：指天空极高处。天之色本为苍青，称之为"丹霄""绛霄"者，因古人观天象以北极为基准，仰首所见者皆在北极之南，故借南方之色以为喻。兰桡：小舟的美称。

水调歌头·济川桥即景

民国·胡家祚

山县过寒雨，洗山一番秋。倚栏远眺江上，无数依滩舟。万黛远山凝恨，更有西风摇落，吹动满江愁。壮志凭谁寄？空有白云浮。留槎阁，剑池水，两悠悠，英雄名士，有客凭吊向沙洲。怀古都成陈迹，若梦浮生几日。岁月不人留，惟有瓯江浪，日夜自东流。

引自《民族诗坛》1943 年第 5 卷第 2 期

【注释】

胡家祚（1919—1993），安徽绩溪人。毕业于中山大学中文系。主要论述有《胡仔及其〈苕溪渔隐丛话〉》。

词中所描写的"倚栏远眺江上，无数依滩舟"情景，可与1936年《浙江风景线》图册之"龙泉济川桥"照片中众多乌篷客舟停靠于河岸滩上相互印证。

水龙吟·济川桥落成感赋

民国·徐渊若

澄江又映长虹，烟连南陌寻芳路。登临纵目，云山两岸，烟波万户，车走雷声，人行星汉，舟横官渡。任高寒浪恶，黄昏鹊倦，运不碍，双星语。 见说当年题柱，问词臣，留痕何处。槎州草长，玳梁灰灭，低徊欲暮。惆怅江声，依稀还似，兆民邪许。更凭栏指点，几多汗滴，逐寒波去。

引自民国33年（1944）10月7日《浙江日报周末增刊》

【注释】

作者徐渊若，江苏江阴人。1943—1946年间曾任龙泉县长。在龙泉时著有《哥窑与弟窑》一书。

济川桥于1942年10月毁于火后，于12月成立"济川桥修建委员会"，次年8月省交通厅主持成立"建桥工程处"，时任县长徐渊若下令征工，砍伐周际岭巨松，于民国32年（1943）建成木桁架桥1座。徐渊若有感于此作《水龙吟》词一首。从词中"车走雷声，人行星汉"的描写，可见此为简易木板桥，车行声隆隆，人宛如行走在河中倒映的天河。玳梁：即玳瑁梁。是画梁的美称。

济川桥

民国·陈贻荪

龙泉有胜迹，南门济川桥。周子知我性，导游殷相招。

上压房叠叠，下临水迢迢。风雨任侵蚀，波涛无动摇。

震撼经千年，岿存树名标。我前游余杭，一桥可等僚。

规模稍差逊，建造自唐朝。俯仰怀古人，工程亦堪骄。

忆昨过赤石，路桥中断漂。云被大水击，更遭木筏摽。

十万款虚糜，经年便烟销。路客方叹息，包工逃已遥。

观罢漫归来，忧欣交萦撩。

引自陈贻荪《浙南游草》，大中印刷所承印，1946 年

【注释】

作者陈贻荪，贵阳人，时任国民党贵州、浙江两省党部委员。浙江省社会教育研究会常务理事。据陈贻荪自称，1935 年 9 月赴浙南，"沿途即事触景，时有怀感，偶记数语"。

周子：（原注）叙君。包工逃句：（原注）赤石公路大桥建筑费，一云八万，或云十万。闻包工于桥坏后即逃逸。

下篇 济川桥题赠集

　　李浚、李存耕父子舍重金，先后重（修）建济川桥，以解渡河之难，造福一方，备爱龙泉县民赞颂，各界人士亦纷纷作赞诗或题句。清道光十八年（1838），李存耕之子李忠昭将家藏的这些赞诗或题句，整理编次成《济川桥题赠集》，共收录记文6篇，题诗78首，并镌版印行。咸丰八年（1858），济川桥毁于兵燹，《济川桥题赠集》的印版也遭火毁，李家所藏之酬唱诗卷亦丢失殆尽。幸版毁而旧本犹存，李忠昭之子李森英于光绪四年（1878）重镌版于花雨山房印行。

　　本书全文收录《济川桥题赠集》，系据浙江图书馆藏本并校合龙泉周传松先生生前藏本整理而成。是集包括《重建济川桥题赠集》和《续修济川桥题赠集》二部分。对集中的古文断句标点、订正繁体和异体字，为方便读者阅读采取夹注的形式，同时配上白话"意译"。对古诗词则主要是作者简介，疑难词语或典故的解释，视情作简要的解读或提示。

重建济川桥题赠集

赞曰

不知其后视其先，不知其祖视其孙。前披云后济川（指李浚家祖上曾助建披云桥，李浚独资重建济川桥。），惟善施之勿倦，以裕来昆（以财富惠及后代子孙。昆：后代子孙、地方百姓。）。敬观遗像，庶（表示希望发生或出现某事，进行推测；但愿，希冀。）其长存。

端木国瑚拜题

【意译】

不知道他的后代就看他的先辈，不知道他的先祖就看他的子孙后代。前有助建披云桥，后有独资重建济川桥。只以施舍不倦，求善不厌，以财富惠及后代子孙、地方百姓。恭敬地瞻观他的遗像，但愿他的高尚品德长存。

【注释】

作者端木国瑚（1773—1837），字子彝，又字井伯，号鹤田，浙江青田人。道光癸巳（1833）进士，官内阁中书。有《太鹤山人集》。

披云桥位于县治西，《龙泉旧志》载："披云桥实于通闽入浙之路，岁久倾圮不支，庚子（1360）徙基于宫（万寿宫）东蒋溪堰上，明洪武癸丑（1373）行人遗烬火毁，九月徙基宫北。"自后迭圮建。

其德欲以济人，其才欲以度世（犹出世成仙。此指以帮助解决世上百姓之难。），皆菀结（郁结。谓思积于中而不得发泄。此指未能有所作为。）而不得伸，乃罄赀以复济川之桥，费巨万而不计。藉以伸其生平欲伸之气，身既没而名存永斯桥于不敝。瞻遗像以钦迟（敬仰。恭敬地等待。），侧逗想，夫古仁人之施济。

董斿拜撰

【意译】

他希望以德行济人，以才干度世上难事，都未能有所作为，于是用尽自己的钱财重建济川桥，花费金钱巨万而不计较。藉以伸张他生平的志气。他虽已身没，他的名字将与济川桥永存。恭敬地瞻仰鹤堂公遗像，联想到，这就是古代仁人志士的济世品德。

【注释】

作者董斿（1775—1842），字仲常，号霞樵，自署太霞山人，浙江泰顺人。清廪生。曾任处州莲城书院山长。有《太霞山馆文集》。

不以父母之枝（由植物主干上分出来的茎条，引申为父母的子女），而劳及于亲；不为积累之艰，而善让诸人。维孝之纯，天不能贫。维义维仁，手挥万缗（古代计量单位：例钱十缗，即十串铜钱，一般每串一千文。）。赫赫明神，祠孰与新。襂襹（衣服粗重宽大，既不合身，也不合时。比喻不晓事；无能。）侁侁（形容众多。），道孰与遵，翳吉人之为善兮。将使薄者厚而浇者淳。无财之德德在身，有财之德德及邻。勿以富而长傲，勿以贫而丧真。庸言申申（反复不休），庸德循循（有顺序貌）。我弗获瞻公之颜兮，犹欲铸公之形为范，而铭公之语于绅。

周龙章拜题

【意译】

不因是父母的子女，就耗用亲人的钱财；不因积累钱财艰难，就要以一定代价来要求大家。以纯粹的孝道，天道才不会缺失；以道义和仁德，手施万缗家财。神灵显赫，祭祠不在新旧。身穿宽大众多衣服，却不遵循道义，是掩盖了吉人的善行啊。将使社会风气浮薄，不淳朴敦厚。无财之德德在自身；有财之德德惠及于邻。勿以富贵而滋长傲气，勿以贫穷而丧失真诚。庸俗之言反复不休，庸俗的道德遵循规矩。我未能瞻仰到先生的容颜啊，仍然想以先生之善行为典范，铭记先生的绅士之言行。

【注释】

作者周龙章，生平不详。

朝议大夫鹤堂公传

浙西处之龙泉，有鹤堂先生，讳澋，字巨川，号鹤堂，乃槎西清渠公长子也。嘉庆乙丑岁（1805），先生以万四千金复济川桥，桥成。郡邑以其事闻之大维，大维奏之朝，圣天子念切利济，嘉先生之勤义。诏旌其庐（房舍。此引申为家族），钦赐承德郎（散官名号。清朝为正六品封赠）官通判（与府同知分掌粮盐、督捕、河工、水利、职事修废、清军、理事诸务）。

客有读梁山舟《记》（指梁同书《重建济川桥记》）者，靡不倾慕久之。每与予谈其事，予曰："子何闻见之隘（原意关隘，狭窄。此形容所闻仅知其一）也。子不闻先生之行实（生平事迹）生品（生物的品类。此指人品）乎！"先生事父母以孝，遇兄弟、宗族以睦，训子孙以正，怀朋旧姻娅（亲家和连襟，泛指姻亲）以诚，下乡里以谦，与人胸无城府，肝胆肯为人尽，其嗜义也。譬滋味然，其常也。先生之考，曰：清渠公，田不过一棱（田棱，田间土垄），屋不过数椽（古代房屋间数的代称）。自先生恢张前绪，而家规一秉其旧，此不似柳仲郢（唐京兆长安人。其母善训子，故仲郢幼嗜学。尝以黄连、熊胆等和为丸，使仲郢夜咀嚼以助勤。）乎！清渠公雍肃（和睦庄重）居家，先生与弟古芝上舍公、芎溪少府公，怡愉子舍，似颖川三君（东汉时，陈寔父子三人均为颖川有德行的贤者，享有盛名）；开库指困，似郗嘉宾（东晋大臣，生性好施予。其父郗愔积钱数千万，开库任其所取。郗嘉宾在一日之内将钱财全部散与亲故）、鲁子敬（即鲁肃，东汉末年人，出生于一士族家庭。他仗义疏财，深得乡人敬慕）；把臂堪托妻帑（把臂：握持手臂。表示亲密。妻帑：

妻子儿女。），似朱生（东汉南阳人朱穆，幼有孝名，初举孝廉。）；敦信义不爽然诺，似季布（西汉人，以重诺言、讲信用著称，凡答应的事不再变故，固有"得黄金百，不如得季布一诺"之美名。）；爱贤好客，似田文（即战国齐孟尝君，养门客数千人，待客无贵贱。）郑庄（西汉人，喜结交，享有盛名。），此岂一善足名哉。若夫葺祖先之祠，修明神之庙，顾租频减，薛券屡焚，凡清渠公志焉。未逮（不及；没有达到。）者，先生赡举（谓能把几件事情同时办好）之，世人所难为者，先生优为之，其于善也。犹采薪者，见一芥则掇之，见青葱则拔之，岂一善足名哉。

予摄篆（指代理官职，掌其印信。因印信刻以篆文，故名。）龙泉时，先生以公事见。早知其经纬裕如，疏财仗义，今愈好行其德，乐善而博施。春风风人，夏雨雨人。乃超越资级，复以嗣君晋衔司马，得诰命封大夫，太夫人封宜人。越癸酉，先生以议叙通判，加三级。诰封朝议大夫，太夫人封恭人，固所宜也。

先生才品足当四面，智略足了十人，实为世所希有者，岂一善足名哉。其玑田（指李浚之子存耕，号玑田）昔来瓯地，与予书画相交，闻明岁仲春为先生暨太夫人六旬寿庆，余曾摭夙所谈于客者而序之。今闻先生仙游讣至，乃叹曰：斯人也，不可以湮没，遂重述前序而为之传。

敕授修职郎、温州府经历，历署龙泉、庆元、青田、乐清、瑞安、定海县事。愚弟叶万楷顿首拜撰

【意译】

浙西处州的龙泉县，有鹤堂先生，讳浚，字巨川，号鹤堂，是龙泉县西清渠公的长子。清嘉庆乙丑（1805）时，先生以一万四千金重建济川桥。桥成，州、县以其事闻名于世，奏于朝廷。圣天子念其切实利民济世，嘉奖先生的尽心尽力之义举，下诏书表彰他的家族，钦赐他为承德郎官通判。

有宾朋好友，读了梁山舟先生的《重建记川桥记》后，对先生的壮举无

不久久倾慕。每次与我谈到此事，我就说："你所知道的远远不够，并不完全清楚先生的全部生平事迹和人品啊！"先生奉事父母以孝道，遇兄弟、宗族处以和睦，教训子孙为人正直，对朋友和姻亲以诚相待，以谦和见乡里，与人相处胸无城府，肝胆相照肯为人尽心尽力，他都以义字在先，就好像鲜美滋味的享受，是经常这样的。先生的父亲清渠公，田不过一棱，屋不过数间。自从先生张扬扩展前人的事业，而家规一律坚持传统，此不与柳仲郢相似吗？清渠公居家和睦庄重，先生与其弟古芝上舍公、芗溪少府公，在家和怡相处，就好似东汉时颍川陈寔父子三人那样有德行的贤者；打开粮库谷仓，似郤嘉宾、鲁子敬那样仗义疏财，深得乡人敬慕。对妻子儿女把臂亲密，就像东汉南阳人朱穆，幼有孝名，壮年好学，尊德重道。重信义没有差错，一旦答应就必定履行诺言，就像西汉时的季布"一诺千金"一样。喜结交贤才好待客，就像战国齐孟尝君田文、西汉时的郑庄。岂是仅凭一件善事，能足以表明了先生名节呢！例如修葺祭祖的祠堂，建造神灵的庙，照顾租户经常减免田租，屡次焚毁田券，这些都是清渠公的志向。所不及的，先生能把几件事情同时做好，是一般人难做到的。先生能特续不断，是他能始终如一。犹如砍柴的人，见一小草，也要拾取，见到青葱就拔取，此岂是仅凭一件善事，能足以表明先生名节啊！

我在龙泉任职时，先生以公事来见。早就知道他处事应付裕如，疏财仗义，今更好行其德，乐善而博施，犹如春风风人，夏雨雨人。于是就超越资历等级，又以是清渠公儿子晋升官衔司马，得朝廷颁布的命令封为大夫，太夫人封为宜人。癸酉（1813）后，先生以议叙通判，加升三级。诰封朝议大夫，太夫人封恭人，原本是应当的。

先生的才能人品，足当四面，智慧谋略够得上十人，实为世上所少有的，岂是仅凭一件善事，能足以表明了先生名节啊！先生公子玑田，过去来到温州，与我书画相交，听说明年仲春为先生暨太夫人的六十大寿庆，在与客人（玑田）的谈话中，我曾表达敬祝之意。今得到先生仙逝的讣告，乃叹曰：斯人也，不可以埋没，于是重新叙述前序，就可为之流传。

【注释】

作者叶万楷，授修职郎温州府经历，历署龙泉（嘉庆十一年任知县）、庆元、青田、乐清、瑞安、定海县事。

记

梁同书

处州龙泉有巨溪，北为邑治，南多民居。水夹槎洲，为闽、浙要津，舟车通达之所。跨溪枕洲而为桥，创自宋。米襄阳题曰清化，邑人何执中易今名。上有阁，苏东坡榜曰留槎。未几倾。历元、历明，倾而建者，殆（大概，几乎）数十次。我朝顺治六年（1649）至乾隆二十七年（1762），凡八建，今又圮三十余载矣。或以草（简易便桥）而毁于火，或以石（墩）而冲于水。其间圮而不能复者，以资费繁重，不易举。溪身七十余丈，桥当如之，广一丈六尺。上而槛屋，下而桩石，诚非大力者，不能襄其事。昔范忠贞公抚吾浙时，按部至，有僧稽首请复，公以行橐盐蔬之余镪，立其盘。且曰："吾非不欲多助以成其功，吾不忍以供亿累吾民，故必计所余而及于施济。吾非不欲责之守令，吾不忍以威令强吾民，故必就士民所乐从者。"善哉斯言。嘉庆乙丑（1805），邑明经（明清对贡生的尊称）李濬慨然独任为之，筑基磐（此指筑桥墩），固深崎水底，架木树石，排立如墉（高墙），厚以盖甓（砖），如蹈康庄（稳似行走于康庄大道）。为屋七十三间，中蠹以阁，旁缀（装饰，连结）以亭，视旧制而加庄丽。非勇于为善者，其能若是欤！费白金一万四千两有奇，经一载而成。余以其桥通要津，久而不复，而资费浩繁，出自一人独任，尤非自宋以来之建于官、建于民、建于浮图之募众可比也。故乐得而记之。

【意译】

处州龙泉县有一大溪，溪北为县衙所在地，溪南多民居。大溪水中有槎洲，为往来福建、浙江的交通要道。船舶、车辆通行之处，有跨溪枕洲而建的一桥，创建自宋代，米襄阳题额桥名"清化"，龙泉人何执中改为今名"济川"。桥上建有一阁，苏东坡题榜曰"留槎"。没多久桥就倒塌了，历经元代、明代，桥倒塌而重建，几乎有数十次之多。仅清朝的顺治六年（1649）至乾隆二十七年（1762），总共有八次重建。现今距上次倒塌已有三十多年了，其间或者以简易木桥而毁于火灾，或者以石为桥墩被大水冲毁。这其间桥不能重建，因所需资费繁重不容易筹集。大溪阔七十余丈，桥当然要有如此之长，桥阔一丈六尺，上盖廊屋，下面以石为桥墩，没有雄厚实力，恐怕是不能成就这件大事的。以前范忠贞公任浙江巡抚时，到龙泉巡视，有僧人磕首请他资助建桥，范公就以日常开销结余的钱，给予捐助。同时说："我并非不想多捐助以促成桥建成功，我不忍心因建桥致使苦累百姓，所以必定会计算所余，尽力资助；我并非不想追责当地的县令，我不忍以威令强迫百姓，所以必定依照士民所乐意去从事。"好啊，这话说得好！嘉庆乙丑（1805），龙泉贡生李浚慷慨以独力出资建造桥。筑起坚固的桥基，深深峙立于水底，架设木桩树起排石，如城墙那么厚，以砖砌壁，稳稳的如踩踏在康庄大道上。桥上造有屋七十三间，中间高耸一阁，两旁缀连有亭，与旧桥相比较，更显得雄伟壮丽。不是有勇有谋的行善之人，他能做得到这样吗！总共花费白金一万四千多两，经过一年建造而成。我认为济川桥是交通要道，圮塌后长时间不能修复，所需修建费用繁重，出自一人独力承担，尤其不是自宋以来，或官方主持修建，或百姓集资修建，还是僧人募资修建可相比的。所以我非常乐意将这次建桥的前后经过记述下来。

【注释】

本文《重建济川桥记》收入清光绪《处州府志》卷二十八《艺文志·中》。

作者梁同书(1723—1815),浙江钱塘(今浙江杭州)人,字元颖,晚号山舟,自署不翁、新吾长翁。清乾隆十二年(1747)举人,十七年特赐进士,授编修。历官侍讲。重宴鹿鸣,加侍讲学士衔。以忧归,不复仕。工书法。有《频罗庵遗集》《集杜》等。

按:如前所述,此文中称济川桥"米襄阳题曰清化,邑人何执中易今名"。疑不确,应为"邑人何执中易今名济川,米襄阳题榜"。

记

龙之邑前亘巨溪,邑治居溪北,邑东、南乡皆居溪南。溪汇南北港,水沸其冲,而道路必出水上。于是昔人每挂溪以构桥,所以通邑之咽喉,而为南北居人之门户,无之不能一步行者也。桥名济川,宋迄元迄明,代圮代建,乾隆二十四年圮而迄今矣。考其圮故,则某年构草桥毁于火,某年构版(木板)桥复毁于火,某年代以石复毁于水。若以桥之不永,水火故也,余则以为非独水火故也。或昔治桥者力不充(充足),而功有靳(吝惜,不肯给予。此引申为建桥的质量不足。)也。溪身广七十余丈,桥长必当踰之,广亦当准之。上而槛屋,下而桩石,大费盈万,小费累千,力不相辏(聚集,引申为资金有限)则取完,且日结构未牢,奔走已迸(爆开,迸裂。),牛蹄马足,蹴石成响,木穿石陷,日夜相催,此虽无水火而势已不久矣。况水火之蹈(本义践踏,此处作摧残),其隙如漂,梗焚朽耳,无怪其亟毁也。邑明经李君念之久,愿毁家为桥,然虑其以此而掩众也。让(《广雅》:让,责也。)功(指事情,工作)于人,人皆让而后具役。穷一岁而功竣,桥袤七十余丈,广一丈六尺,筑基磐固深峙水底,方石圆木排立如堳,则虑水之冲决而为卫也。桥以上厚以砖瓦,千人蹈之不闻声响，则虑火之延漏而为避也。连屋编瓦，旁障风日，则为行者之阴隐而栖憩也。中矗魏阁，饰以香火，缀亭两首，屹若附墉（城墙，高墙。此指好像依附在桥两头的城墙。），则为桥之镇而壮观瞻也。嘻！李君之虑，至矣，力单矣！昔之人有君之用心，尚何至今日而待君之用心哉！且李君用心，亦其可自为耳。假令公私共为，李君亦无能为也。何也，其事司诸官，其役科诸民，其财关诸吏，其功委诸工，人便其心，事饰其貌，凡役皆然也。今李君精精恳恳，如督家役，匠不留技，夫不藏力，植一木如种之地，堆一石如立之山，有何不坚牢者，此桥成百千年之利也。孟子曰：十一月徒杠成，十二月舆梁成，民未病涉也。益一人咨嗟，王道为亏，当官者之务也。今李君为此力，不任民效，则在官徒者释叹，舟者弛劳，昼行暮趋若蹈平地，诚可谓济人之阻，辅官司所不逮。而有心民事者，所愿闻愿睹，而国家乐与人为善之心，日夜鼓舞而乐，人如是也，岂不善哉！邑侯梅公（县令。清嘉庆十年龙泉县令梅大鹤。）既上其事，诸大宪（旧时府吏对上司的称呼）既请表（封建时代称臣子给君主上奏章）如例，而余乃戋戋（形容少，指简单。）为之记者，希将来或采之邑乘（县志，地方志。），以存其美也。李君名濬，字巨川，号鹤堂。桥用工二万八千零，用缗一万四千二百零。其经始嘉庆十年六月十有五日，落成则十一年三月二十七日也。是为记。

赐进士出身钦点内阁中书端木国瑚撰

【意译】

　　龙泉县城前大溪横贯，邑治在大溪北，县东乡、南乡都在大溪南。大溪汇合南、北两溪，水波涌动冲击，而人们要出行必经此水。于是以往人们常常靠溪造桥，成为往来交通的咽喉，也是居住于南北人们出行的门户，如果没有桥就寸步难行了。桥名称"济川"，自宋代到元代、明代，每个朝代都发生济川桥倒塌，然后都再重建。乾隆二十四年（1759）桥倒塌后，一直到现在。考察历代济川桥倒塌的原因，诸如某年造的简易桥毁于火灾，某年造的木板桥又毁于火灾，某年造的石桥墩又被大水冲毁。如果说桥的不长久，是水灾或火灾造成的，我认为并非完全如此，或许与往昔建桥因资金不足，因而建桥的质量不足有关。大溪宽阔七十余丈，桥的长度必定要超过这个数字的，桥面的宽度也依此标准处理。桥上造槛屋，桥下打石桩，大的费用超万，小的费用要几千，如果有限的资金用完了，一旦他日因结构不牢固，如果快步奔跑就会开裂，牛、马过桥，足蹄在石板上蹴踏作响，木板踩穿石板踏陷，日日夜夜相摧残，此虽然没有水火灾害，但桥的毁坏已经不远了。况且水灾、火灾的摧残，水流冲毁的是薄弱之处，烈火焚烧的是朽木，不能怪都是它的毁坏。龙泉贡生李浚先生对济川桥的重建，惦记好长久了，愿意捐献全部家产用于建桥，以此造福于民众。造桥是大家的事情，人人都有责，而后都来出力。经过一年时间工程竣工，桥的南北长七十余丈，桥阔一丈六尺。桥基磐石坚固，深深峙立于水底；方石、圆木密实排立如同高墙，以考虑防止大水冲决。桥面上铺以厚厚的砖和瓦，即使有上千人踩踏，也不会发出声响，考虑可避免一旦失火防止漫延。桥上的槛屋盖瓦紧密相连，可遮风雨挡日晒，供来往行人乘凉休息。桥中央矗立有巍峨高阁，有供祭祀的装饰。桥的两头缀连一亭，好像屹立依附在桥两头的城墙，卫护着大桥，而且看起来大桥更显壮观了。啊！李浚先生的考虑真是周到至详，是一人用心之力啊！从前的人有李先生这般的用心，何至于今日要李先生如此用心呢！况且李先生的用心，是可以自己实施的。假若是公家、私人共同来做，恐怕就无能为力了。为什么呢，事有各主管官吏，有管理民工的部门，有管理财务的大小官吏，他们的职责只是委派工人，所用心的是这些表面之事，一切工作都是如此。今李先生做事勤恳认真，就像是管理家中的工友，工匠不保留技艺，工友尽心尽力。竖立一桥柱，牢固如同种植在地中；堆砌一桥石礅，稳如屹立的山，有什么不坚固牢靠的，这是有利于桥质量的百年大计。孟子说："如果十一月修成走人的桥，十二月修成走车的桥，百姓就不会为渡河发愁了。只要有一个人发出痛苦的呻吟；都表示王道还有不足之处，这是为官者的公务。"今天李先生为此劳心出力，不单是民众效仿，而且处理官府事宜的人也可以放下担忧。用船过渡者可以放松劳累。白日行，夜晚走，如踩平地，实在可以说是解决了人们过河受阻的难事，协助官方难于解决的不足。这种有心为百姓做好事，很乐意听到和看到，国家亦乐于人们有与人为善之心，日夜受到鼓舞而快乐，每个人都如此，岂不好吗！好啊！县令梅大鹤已上报李先生的善行事迹，各位上司已按规例上奏朝廷。而我只是简要记录他的事迹，希望将来或可采用于县志中，以留存他的善行美德。李先生名浚，字巨川，号鹤堂。建造济川桥用工二万八千零，用金钱一万四千二百零。始建于嘉庆十年（1805）六月十五日，落成于十一年（1806）三月二十七日。因此把这件事记录下来。

【注释】

作者端木国瑚（1773—1837），浙江青田人，字鹤田，一字子彝，晚号太鹤山人。清道光癸巳（1833）进士，官内阁中书。又，光绪《龙泉县志》卷十二《艺文志》，亦载有端木国瑚《重建留槎阁记》一文。

举人林㧑、贡生刘瞻岳、候选教谕陈谦、王光元、贡生汤惟良、廪生朱廷彦等请奖文

鼋梁（指帝王的行驾）巀嶪（高耸），驾肇穆王（指周穆王肇始），龟砥（砥柱中流，像砥柱山）峥嵘，赋传平子（平子赋，出自《后汉书·张衡传》，（张）衡乃拟班固《两都》作《二京赋》，因以讽谏。精思傅会，十年乃成。）。木浮渭水，崔公（北魏时，崔亮出任雍州刺史，为方便百姓出行，打算在州城北面的渭水上造桥，在担忧没有又长又大的木柱造桥时，突然天降暴雨，从上游漂来几百根长木头，靠这些木材，将桥建成，百姓将此桥称为"崔公桥"。）之遗泽（留下的德泽）未湮，

工志彭城，薛惠（西汉时，薛惠任彭城县令，境内桥梁、驿站残破不堪，均未加修葺。其父薛宣见状，绝口不问儿子公事。在"无言之教"责备下，薛惠得以反思，改过补救，后成重臣。）之骏（本意良马。通"俊"，指才智杰出）犹仅见。夏令申于十月，周利（谓财利富足）谨自三冬（冬季，三个冬天的意思，亦指三年），盖观成（意思是看到成果）以时，不闻病涉。而善假于物，尤便安行。此公旬是执，长吏（称地位较高的县级官吏）时饬于通津（四通八达之津渡），而私帑（旧称君主的私有财物。引申为个人私有财物）能捐，圣朝特嘉夫义举（为了公众利益而疏财仗义的行为）也。

龙邑地邻闽省，水限（险阻）剑川，春波汩（作淹没；湮灭）岸，无能飞渡而来。秋水灌河，每怅临流而返。即使造舟可济，致车乘之通，何如累石为基，比苞桑（比喻牢固的根基；根深柢固。）之固，第以工程甚大，谁存解带（谓出仕。此引申为"解囊"）之心，独立难成，憾乏点金之术（谓无点金成铁的法术。比喻没有办法筹措钱财。）。

今贡生李潘，心存利济，力尽经营。因遗迹之犹存，有基弗坏，创宏规而独造，慨任无难，挽木或用夫万牛，砌石几劳夫千指（一人十指，千指，形容人多。）。嘉庆十年始厥（作代词"其"）事，丙寅三月竣其功。历秋冬春日而告成，稳同鳌背（引申为桥稳固屹立于大溪）；掷万四千金而不惜，轻若鸿毛。俯仰共登临，堪寄遥情于万里；往来无阻滞，同著嘉号于千秋。桥仍济川之名，阁有留槎之胜。桥傍阁而斜横长岸，河星似应天星；阁倚桥而倒映中流（水流中央），聚石并安盘石。鱼鳞稠叠，无忧风雨之飘；雁齿（比喻排列整齐之物。常比喻桥的台阶。）纷排，顿息波涛之险。行人免于厉揭（涉水。连衣涉水叫厉，提起衣服涉水叫揭。语出《诗·邶风·匏有苦叶》："深则厉，浅则揭。"），过客乐其荡平。诚增名胜于邑中，而辟康庄于宇下也。至于倡建东岳之宫，规天矩地（规，为圆，象征天；矩，为方，象征地。泛指效法天地。）；重整城隍之庙，错采缕金（比喻刻意雕琢文词。引申为精美绝伦。）。运以匠心，已觉阴阳善体；矢诸葵悃，要本弓冶相承（《礼记·学记》："良冶之子，必学为裘；良弓之子，必学为箕。"后用"弓冶"指父子相传的事业。）。盖厥翁金声先生，公足砺贪，侠能仗义，渡怜濡轨，宝筏（佛教语。比喻引导众生渡过苦海到达彼岸的佛法。）常施，桥葺披云，灵洲并锁，本源（一般指源头，借指事物的根源、起源。也指事物的最重要方面。）可溯，谱牒（记述氏族或宗族世系的书籍。）重修，寝庙（古代宗庙的正殿称庙，后殿称寝，合称寝庙。）告成，先灵永妥。业已世济（世代继承）其美，固知有开必先。浚光迪前微（精妙幽深。），式肩义事（正义或公益之事），嗤填河之徒劳灵鹊（即喜鹊），幸冠石（以三石为足而矗立于地的大石。古人认为是将有天子兴于民间的一种祥瑞。）之不假神鳌，惟大力之能胜，遂攸往之尽利，落成其速，行旅同欢，金（副词，都）云义行无双，揆其事功称最。兹逢皇上纂斑会典（记录古代官府更迭、政务要闻的典籍。），遍访善良，允宜陈以上闻，毋使沦而下晦。

【意译】

帝王出行的车驾高耸，肇始于周穆王。高峻的龟石砥柱中流，传颂于张衡的平子赋。架桥于渭水，崔公留下的德泽并末湮没；彭城县令薛惠才智似乎少见。夏季至于十月，财利富足谨守三年。看到成果及时，不闻百姓苦于涉水渡川。善于借助于财物，尤其是便利百姓平安出行。这些无偿劳役是地方长官下令到通津，而私人却能捐献财产用作公益，朝廷特表彰他为百姓利益而疏财仗义之举。

龙泉与福建省相邻，剑川大溪为险阻，春天大水波浪淹没堤岸，行人无法渡过大溪。秋天水灌入河，每次面对河流怅然而返。即使造船可以渡河，也不能使车辆可以通行。都不如叠石为墩，造成有牢固根基的桥，只是工程巨大，谁能怀有慷慨解囊之心，来独立完成这难以完成之事，遗憾的是没有办法筹措钱财。

今有贡生李浚，有救济世人之心，尽自己的财力造桥。旧桥的遗址尚存，有的桥墩没有坏，创始宏伟规划，独自出资建造。慷慨地由己担当无所畏惧，或万牛牵引巨木，或千余工匠砌石。嘉庆十年（1805）开始建桥，至丙寅（1806）三月建成，经历秋冬春三季而告成，大桥稳固地屹立于大溪上。投入一万四千金而在所不惜，视若比大雁的毛还轻。俯仰之间一起登临大桥，可遥寄情思于万里，行人往来没有阻滞，共同显扬这好名声于千秋。桥名仍称"济川"，阁有"留槎"的美名。桥、阁相依附而横架两长岸，河中的星似与天上的星相呼应；阁倚附桥而倒映于水流中央。砌石为桥墩稳如磐石，桥两侧的护板如鱼鳞般稠密重叠，不用担心受风雨的飘摇。排列如雁齿般整齐的桥台阶，可挡波涛冲击之险。行人免于艰难涉水，过往行客快乐于桥的平坦，确实为龙泉城中增添一名胜，开辟了跨大溪的康庄大道闻名于天下。至于倡建东岳庙，效法天地，重新整修城隍庙，精美绝伦的艺术构思，已感悟阴阳和合，矢志不二，其宗旨父子相传。他的父亲金声先生，重视磨砺，去除贪心，任侠仗义助人，同情百姓过河受阻，常做善事利于众生到达彼岸，修披云桥，建济川桥横跨留槎洲。如此做好事，追本溯源，有重修谱牒，建造宗庙，使祖先神灵永妥，是世代继承的美德。本来知道开创有先必定有后，李浚发扬光大先人的侠义精神，效法施行正义或公益之事。讥笑那些衔木填河的喜鹊白费心力，幸亏不凭借神鳌就将大石矗立于地，唯有竭尽心力能胜任。做此事是有利的，于是很快落成，往来行人都很高兴。大家都称颂他的义行无双，功劳最大。恰逢皇上下诏遍访行善贤良之士，允许将此事上报，不使他被埋没无人知。

【注释】

这是龙泉举人林扬、贡生刘瞻岳等撰文，陈述李浚独资重建济川桥、倡建东岳庙、重修城隍庙，以及他的父亲李金声助修披云桥等等，造福龙泉百姓的善行，上奏朝廷请求嘉奖。文中所称造济川桥"用万牛牵引巨木，千余工匠砌石"，可见工程之艰；"桥墩稳如磐石，两侧护板如鱼鳞般重叠，台阶雁齿般整齐，挡波涛冲击之险"工程之精。

四言古

端木内史 鹤田国瑚

灵槎之洲，神剑之渊。其崖峙峙，其流旋旋。
为闽之派，为瓯之源。是津是梁，是市是廛。

陆陆者车，车困则戕。奔奔者牛，牛疲则僵。
春徒永叹，冬御孔伤。曰谁作之，维邦之良。

乃石乃函，乃木乃跗。乃绳乃植，乃畚乃具。
如虹之骞，如云之互。如川之长，如山之固。

我思古人，古人云迍。货恶弃地，力不出已。
一人解囊，千人纳履。口之匪艰，躬之则美。

昔日中流，漾漾方舟。今日中流，宛宛高楼。
昔日中流，载沉载浮。今日中流，载歌载讴。
昔日中流，为昔人忧。今日中流，为今人休。

【注释】

四言古：每句四个字的古体诗，是我国古代诗歌中最早形成的诗体。

作者端木内史：端木国瑚（1773—1837），浙江青田人，字鹤田，官内阁中书，故称。撰有《重建留槎阁记》和《济川桥记》。

其崖峙峙，其流旋旋句：形容龙泉县城四周群山耸立，大溪水波回环。
是津是梁两句：是利于渡河的桥梁，是平民百姓居住的地方和集市。 漾漾：
水波飘荡的样子。宛宛：真切可见貌：清楚貌。

陈豸史 晴峰治策

龙渊之水，泻匣弥弥。长虹亘之，明霞散绮。

溟涬相呕，形象淆列。中处巍焉，弥缝罅缺。

一介之士，心精涵泰。随宜有济，苴补宏大。

【注释】

作者陈豸史：名治策，字芸蕙，号晴峰，湖北兴国州（今黄石市阳新县）
人。清嘉庆六年（1801）进士，嘉庆十一年任云和县知县。豸史：御史的别称。
因御史之冠为獬豸冠，故有此别称。

明霞散绮句：灿烂的云霞似展开美丽的绸缎。溟涬：指谓不着边际。相呕，
共同抚育。呕，通"煦"。 一介之士：忠心正直的人。 心精涵泰：心神专一，
包含着（百姓）安乐。 苴补宏大：喻指李浚造桥为民办大事。

五言古

徐太保 心如端

翠括东南美，地各转两轮。嗟此病涉久，寒芒晓森森。

往来无晨夜，感恻为沾巾。李子冰玉姿，文行两清淳。

治生不求富，一见捐橐金。千重横翠石，得法尚雄深。

一桥何足云，却是英特人。不知百年后，何人识苦心。集坡公句

【注释】

五言古，诗体之一，每句五字，每篇句数不拘。不讲求对仗、平仄等格律。

作者徐太保，名端，字肇之，号心如，浙江德清人。清朝大臣，官至江南河道总督。太保，官名，清时为虚衔，惟赠乃得。

病涉：苦于涉水渡溪。清淳：品德高洁而纯朴。橐金：口袋中的金钱。英特人：指才智杰出的人。

周台谏 崧坪兆增

我来剑川邑，邑有唐魏风。为问济川桥，谁建百丈虹？
鳌身两岸耸，雁齿中流通。下有留槎阁，上有梵王宫。
休哉鹤堂家，家亦非素封。直从病涉心，作此济世功。
经营数十年，利赖众所同。此心足千古，不与川流东。

【注释】

作者周台谏：名兆增，号崧坪，江西南昌人，清嘉庆十八年（1813）任龙泉知县。台谏：唐宋时以专司纠弹的御史为台官，以职掌建言的给事中、谏议大夫为谏官。多以"台谏"泛称之。清雍正元年，又使之同隶都察院。

梵王宫：本指大梵天王的宫殿。泛指佛寺。素封：无官爵封邑而富比封君的人。病涉心：因百姓苦于往来涉水渡川而忧心。济世：在金钱、物质等方面救济世人。

吴司训 少谷士坚

一木支大厦，咸知力弗胜。只手障狂澜，有说谁可凭。
龙泉济川桥，倾圮相因循。病涉四十年，再造难其人。
卓哉鹤堂君，素性醇乎醇。于此蒿目久，一旦挥万金。
下如磐石固，上如砥矢平。廊槛闲亭榭，一望殊纷纶。
行者歌于道，居者颂其仁。义举实创举，有志竟克伸。
知非赞助力，知非劝诚能。梁木与巨手，品概洵无朋。

【注释】

作者吴司训，名士坚，号少谷，吴江（今苏州吴江区）人。司训，明清时县学教谕的别称。

倾圮：倒塌。醇：淳朴。《汉书·景帝纪赞》："质朴至于移风易俗，黎民醇厚。"《淮南子·泛论》："古者人醇工庞。"注："醇厚不虚华也。"蒿目久：极目远望。意谓李浚以造桥从长远考虑了很久。砥矢：语出《诗·小雅·大东》："周道如砥，其直如矢。"此句形容上方的桥面平坦如砥石，笔直如箭矢。纷纶：指桥廊、亭榭华美，且各不相同。

王明经 竹溪树英

梧州皆山邑，龙渊称名疆。西南扼其塞，一水阻且长。

要津达南闽，渡者嗟无梁。在昔济川桥，洪涛割汤汤。

倾圮百余岁，修筑无人当。行旅来问津，临流惊望洋。

或以就其浅，涉水若褰裳。或以步短彴，一木危难杭。

或以扁舟渡，漂摇随波扬。淫潦怒冲突，灭顶时罗殃。

谁存利济怀，戚戚心忧伤。李君乐为善，独任无周章。

鸠工事兴筑，万金倾橐囊。经营复故址，砥柱水中央。

作室蔽风雨，结构殊精详。成功越二载，彩虹卧波光。

迢迢两堤间，横亘千丈强。往来不病涉，坦然如周行。

巨川济巨川，数定关彼苍。编竹渡蝼蚁，古者长发祥。

况此普济人，功德正难量。美惠惬人心，千古怀不忘。

【注释】

作者王明经，名树英，字毓才，号竹溪，浙江云和人。清嘉庆二十一年（1816）贡生。贡生，明、清两朝由府、州、县学推荐到京师国子监学习的人。称"明经"是明清时对贡生的尊称。

渡者嗟无梁：想要过溪的行人感叹没有桥梁。褰裳：指撩起下裳涉水过河。《诗经·郑风·褰裳》："子惠思我，褰裳涉溱。"短彴：短的独木桥。彴，独木桥。例"野彴渡春水"。经营复故址：指在原旧址重建桥。彼苍：天的代称。《诗·秦风·黄鸟》："彼苍者天。"苍，天色。蝼蚁：蝼蛄和蚂蚁。比喻力量微小或地位低微的人，指平民百姓。

林学博 西溪拗

一溪邑前横，勇涉惮深阻。之子怀令图，解橐事豪举。
卧波构长桥，龙影落洲渚。下筑磐石坚，上架神木巨。
百间广屋联，千尺危楼起。楯槛鱼鳞张，檐阿鸟翼骇。
惊见疑鬼神，为若匠庆镶。功成得壮观，来往欢士女。
藉藉动众羡，相与称不朽。安知好义人，伐施竟无语。

【注释】

作者林学博，名拗，字幼谦，号西溪，浙江龙泉人。清乾隆五十九年（1794）举人（明清两代称乡试考取的人）。学博：唐制，府郡置经学博士各一人，掌以五经教授学生。后泛称学官为学博。

惮：怕，畏惧。令图：善谋；远大的谋略。洲渚：水中小块陆地。此指留槎洲。楯槛鱼鳞张：避风雨的木板像鱼鳞一样张开。檐阿鸟翼骇：伸出的屋沿像惊鸟的飞翼。镶：古代的一种乐器，夹置钟旁，为猛兽形，本为木制，后改用铜铸。《庄子·达生》："梓庆削木为镶，镶成，见者惊犹鬼神。"伐施竟无语：竟丝毫没有夸耀自己的言语。伐：自吹自擂，夸耀自己。

蔡明经 玉溪士豪

龙泉有要津，长虹垂南北。岁久日催残，行人多悲恻。

我邑有李君，立性真奇特。稍展栋梁材，长江遂起色。

百丈跨双溪，上与青霄逼。疑有神仙扶，成功何太亟。

城叟与村农，奔走无休息，昔日何赵趄，今日何自得。

可作甘棠思，还当金玉式。视彼愦愦徒，梦中亦未识。

贤哉我李君，千秋钦大德。

【注释】

作者蔡明经，名士豪，字玉溪，浙江龙泉人，清道光十年（1830）岁贡，选武义县训导。

赵趄：想前进又不敢前进。形容疑惧不决，犹豫观望。甘棠：木名。即棠梨。《诗·召南》有《甘棠》篇。朱熹注："召伯循行南国，以布文王之政，或舍甘棠之下，其后人思其德，故爱其树而不忍伤也。"后世因用"甘棠"称颂地方官吏之有惠于民的美政和遗爱。愦愦：烦闷貌；忧愁貌。

姚文学 琴牧润梧

俗人夸素封，志士抱利济。立达有同情，斯理谁默契。

艰阻唯泽居，烟水渺无际。容与学操舟，风雨行迹滞。

昔人辟通津，杠梁有成制，木石剥蚀时，扶倾与补敝。

资费逾万缗，旦暮鲜成计。安得独立肩，倒箧出财币。

龙泉有李君，理悟川流逝。损已愿益人，伐材并取砺。

近郭济川桥，更新得胜势。磐石奠丕基，层楼构钜丽。

彼都腾欢声，讵争推解惠。此事由性天，民物共维系。

倘得绾银章，德政被当世。

【注释】

作者姚文学，名润梧，号琴牧，浙江庆元人，清嘉庆年间拔贡。

素封：无官爵封邑而富比封君的人。辟通津：开辟四通八达之津渡。杠梁：桥梁。柳宗元《兴州江运记》："杠梁已成，人不履危。"绾银章：系挂银印。汉制，凡吏秩比二千石以上皆银印。隋唐以后官不佩印只有随身鱼袋。金银鱼袋等谓之章服，亦简称银章。

七言古

张外翰 荔园骏

龙渊之水涌浖浖，南北两岸众流萃。

溯腾未许一苇杭，恃有长桥卜利济。

曾闻建此自宋代，修废频仍岁复岁。

风雨纵横山鬼啼，中流失坠踵相继。

世间不少纛金者，郿坞留作子孙计。

扶危忽遇巨眼人，不见金钱但见义。

卧波蜿蜒百十丈，叱咤成龙起空际。

旁置栏槛上层楼，错采涂金何壮丽。

意气磊落神飞扬，看君解作一生事。

从此砥柱固磐石，往来杂踏若平地。

忆昔五度龙渊游，鹤堂相见辄把臂。

愧我本非题柱手，羡君竟遂济川志。

种德从来计百年，谢庭一一栋梁器。

会看水绕灵槎州，科第联翩永厥世。

【注释】

七言古：即七言诗，中国诗歌体裁之一。全诗每句七字或以七字句为主。

作者张外翰，名骏，字信裳，号荔园，浙江海宁人，清乾隆四十五年（1780）恩科进士，官宁波教授，改处州，在任二十七年。外翰：对具有"正途"出身，并任教谕、训导官职者的称呼。

浡浡：茂盛貌。此处形容大溪水汹涌。湔腾：波涛翻腾。形容溪发大水。苇杭：即苇航。典出《诗·卫风·河广》"谁谓河广，一苇杭之"。籝金：一笼箱的金子。籝：箱笼一类的竹器。郿坞：东汉初平三年，董卓筑坞于郿，高厚七丈，与长安城相埒，号曰"万岁坞"，世称"郿坞"。坞中广聚珍宝，积谷为三十年储。自云："事成，雄据天下；不成，守此足以终老。"后卓败，坞毁（故址在今陕西省眉县东北）。后因用以借指奸佞藏财享乐终老之所。错采涂金：涂金后色彩错杂。把臂：握持手臂。表示亲密。谓亲切会晤。联翩永厥世句：形容考中进士者连续不断。厥，作代词，指科举。

周外翰 西亭显训

嘉庆十年岁乙丑，龙泉好事传万口。
李君建造济川桥，前者无倡后无偶。
去年经始赠君诗，今日落成饮我酒。
愧无犀带相持赠，仍只赠君诗几首。
凤山苍苍剑水深，名与此桥同不朽。
此诗为君歌长久，君宜添我酒一斗。

【注释】

作者周外翰，名显训，字迪功，号西亭，浙江东阳人，拔贡。清嘉庆十四年（1809）任龙泉县教谕。拔贡，科举制度中选拔贡入国子监的生员。

嘉庆十年：乙丑年（1805）。犀带：即犀角带。嵌有犀角的腰带。白居易《元微之除浙东观察使，喜得杭越邻州，先赠长句》："稽山镜水欢游地，犀带金章荣贵身。"自唐至明，犀角已经被列入珍宝类中，犀带也被统治者用作等级高贵的象征。

臧学博 爱斋荣棠

长桥绵亘峙龙渊，倾圮颓废多历年。

谁与轻财辄敢举，云是邑绅明经李巨川，

所费不赀以万计，那能恢复规旧制。

豪家富室袖手观，一力支持誓利济。

去年六月工始兴，今年五月旋告成。

屈指三百六十日，往来坦荡如砥平。

两岸构亭中架阁，缀以栏杆更复屋。

密排圆木下波心，斜砌方砖上斗角。

一千百步如登途，七十三间若行陆。

行人讴歌道路中，盛德群言由李公。

纷纷负担若商旅，遐迩感叹皆从同。

从来土功须力役，不作无益害有益。

君不见，秦皇骋游观日出，鞭石神驱夸异术。

又不见，铜雀台高连二桥，只藏歌舞逞华豪。

何如济川功罕有，长与海上洛阳垂不朽。

【注释】

作者臧学博，名荣棠，号爱斋，浙江长兴人。清嘉庆年间任龙泉县教谕。

所费不赀：不计算所花费的金钱。指李浚不惜金钱造桥。遐迩感叹：远近百姓称赞。海上洛阳：指泉州洛阳桥，是北宋泉州太守蔡襄主持建桥工程。从皇祐五年（1053）至嘉祐四年（1059），前后历七年之久，耗银一千四百万两，建成了这座跨江接海的大石桥。至今已有九百多年历史。比喻李浚不惜金钱建造的济川桥，其功当与海上洛阳桥。

温学博 春湄纯

吾家水晶宫，一里一桥通，客岁来栝岭，不见桥如虹。

今观： 灵槎之洲剑之渊，两涯对峙流溅溅。

量溪袤广七十丈，一桥横亘凭空悬。

下筑木石上覆屋，亭榭两傍楼中矗。

车马不绝颂声扬，谁其建者李鹤堂。

忆昔襄阳题清化，坡公三字尤增价。

二公大笔何淋漓，脍炙人口争传奇。

方今文章震海内，山舟太史追前辈。

自来点墨惜如金，睹此豪襟偏赏心。

吁嗟！ 手挥万金不为多，不肯济人可奈何。

伟哉此举足风世，吾亦兴发为长歌。

【注释】

作者温学博，名纯，字一斋，号春湄，乌程（今浙江湖州）人，贡生，官处州训导。

溅溅：水急速流动的样子。 "山舟太史追前辈"句：指梁同书（号山舟）撰写记述李浚修建济川桥的《济川桥记》。 足风世：（李浚独资建桥的义举）足以劝勉世人。

钟司训 名山少安

君不见，龙渊之溪百余里，溪流下滩如激矢。

泪岸穿涯滚滚来，掀天波浪狂风起。

又不见，留槎洲下水会同，两港飞湍合走东。

南通七闽北县治，洪涛十寻界当中。

此中昔人曾作桥，百丈腾空横一条。

济川清化名屡变，创建不辨为何朝。

水灾火虐历颠圮，奔泷昼夜啮余址。

邑人力薄安小成，移置下流图便耳。

下流地窄水势急，工虽易就难久立。

年年春涨滚波涛，斯桥颓败随呼吸。

孰若李君世贤豪，力则奋努见则高。

审观水势察地脉，计图永逸不辞劳。

重规旧址新架梁，波偃虹霓形较强。

叠石架屋七十二，行人步此如康庄。

鸠工庀材雄且固，赀费浩大逾万数。

一肩独任慨以慷，落成经始无旁募。

桥成众口铸作碑，世世传君德弗衰。

我为作歌纪其事，愿君后人长保之。

【注释】

作者钟司训，名少安，号名山。

激矢：形容从溪滩急速流下的水如同疾飞的箭。 泪岸穿涯：淹没河岸冲决水边高岸。奔泷：湍急的水流。波堰：波浪倒伏，即挡住洪水。鸠工庀材：招聚工匠，筹集材料。指建造桥梁前的准备工作。

张司训<small>湘友紫</small>

大峨仙笔何淋漓，不逢名胜不留题。

济川擘窠三大字，至今彪炳龙渊西。

吾闻，济川桥亘七十丈，万人杂踏日来往。

岁月既久势倾颓，道谋筑室孰慷慨。

一朝蝃蝀凌青云，黄金手掷如纤尘。

谁其建者浙东李，一木一石皆精神。

帆樯矗矗流汤汤，掞天丽藻生光芒。

鲈村南去数百里，何时访胜登鼋梁。

【注释】

作者张司训，名萦，号湘友。浙江海盐人，清嘉庆四年（1799）任浙江宣平县训导。宣平，原处州府辖县，1958年撤销，所属地域划归莲都、松阳、武义三区县。

大峨仙笔：喻指诗仙李白。大峨山为四川峨眉山的主峰，李白出生于四川绵州昌隆县青莲乡。擘窠：喻指米元章书额"济川桥"字体大小匀整，横直界线分格。蝃蝀：虹的别名。借指桥。掞天：光芒照天。丽藻：指绮丽的景物。鼋梁：《竹书纪年》卷下："穆王三十七年，伐楚，大起九师，东至于九江，叱鼋鼍以为梁。"后因以"鼋梁"借指帝王的行驾。

徐明经 书仙丙乙

凉秋八月溪涛怒，溪上行人涉溪渡。

褰裳竞说渡溪难，安得填溪作平路。

昔年清化纪桥名，易为济川宋代更。

历朝频遭水火劫，屡建屡圮功未成。

祝家新堰移旧堰，来往途人称利便。

一自沧桑四十年，蜃楼海市须臾变。

鹤堂先生文坛雄，愿将赤手补元工。

独立不随狂澜倒，砥柱中流天无功。

先生济人如济己，毁不忧兮誉不喜。

道谋筑室笑无成，将伯之呼良为耻。

解我囊中赀，经营循故址。

量度相地形，四围延逦迤。

三丈之广五丈高，楼台玲珑五云起。

俯临溪泉窈以深，留槎之阁巍然峙。

南岸北岸俱构亭，两头筑砖如筑城。

输金一万四千两，慷慨不惜囊橐倾。

君不见，洛阳桥蔡公所建姓名标，

移檄海神语虽幻，天地亦为回江涛。

又不见吴江桥，的斤所造凌云霄。

插天螮蝀玉腰阔，跨海鲸鲵金背高。

以北揆彼良无忝，奇功应不让分毫。

二公当时拥旌节，取诸内帑财用饶。

何如此桥独力建，转使二公逊贤劳。

吾笑世人徒奔竞，营营第宅夸名胜。

凿石深开弄月池，买花广辟行春径。

岂料欢乐不长年，回首池台属他姓。

乃知厚德在载物，那许处膏但自润。

公今济世宏深仁，应有佳名书志乘。

区区万一何能赞，援笔聊以纪其盛。

【注释】

作者徐明经，名丙乙，号书仙，贡生。

褰裳：谓行人撩起下裳涉水过河。堰：筑土以堵水。 蜃楼海市：即海市蜃楼。多借指虚幻夸诞的事物。须臾：片刻。 逦迤：连续不断，曲折连绵。洛阳桥蔡公所建句：洛阳桥于北宋皇祐五年至嘉祐四年（1053—1059）由泉州太守蔡襄主持修造。吴江桥：苏州吴江古老石桥，纯武康石打造，完好保存至今。蟛蜞：虹的别名。借指桥。书志乘：谓应将李浚建桥的善行记入地方志书。志乘：志书。

七言绝

孙司寇兰村宪绪

长虹垂地壮奇观，高阁参差好倚栏。

从此一乡怀利济，又添胜事到唫坛。

【注释】

七言绝：即七言绝句，简称七绝，由四句组成，每句七言，在押韵、粘对等方面有严格的格律要求。

作者孙司寇，名宪绪，号兰村。司寇，古代主管刑狱的官名。后习惯以大司寇为刑部尚书别称，刑部侍郎则称为少司寇。

利济：救济；施恩泽。 唫坛：诗坛。唫：同"吟"，吟咏。

戴内翰 东珊殿泗

日在金鳌玉蝀行，故乡回望四千程。

梧州南去留槎阁，听说长桥独力成。

【注释】

作者戴内翰，名殿泗，字东瞻，号东珊，浙江浦江人，清嘉庆六年（1796）进士，授翰林院编修，官至日讲起居注。清代称内阁中书为内翰，掌撰拟、记载、翻译、缮写。或由举人考授，或由特赐。

鳌：同鳌，海中大鳖。传说能负山。《玉篇·黾部》："鳌，传曰：有神灵之鳌，背负蓬莱之山在海中。"玉蝀：桥名，在北京西安门东，北海与中南海之间，又名御河桥。

吴中丞 见楼光悦

高义传闻十载中，往来咸识济川功。

非夸壮观溪山里，唉到双桥落彩虹。

石梁百丈费经营，此事全凭愿力成。

基始一盘酬释子，令人弥忆范忠贞。

【注释】

作者吴中丞，名光悦，字星乙，号见楼，江苏阳湖（今武进县）人。清嘉庆元年（1796）进士，曾官处州知府、江西巡抚。中丞，古官名，明清时用作巡抚的别称。

高义：指高尚的品德或崇高的正义感。咸识：都识，全识。壮观溪山里：北宋范宽创作绢本墨笔画溪山行旅图。借此形容济川桥留槎洲的雄伟壮丽景

125

色。释子：佛教徒的通称。取释迦弟子之意。弥忆范忠贞：更加思念范承谟。

光绪《龙泉县志》载："康熙九年（1670），巡抚范忠正公（承谟）至龙，捐银盘二百主缘重修，士民德之，改名盘桥。"

屠学博_{莼渚本仁}

忆昔泉州建洛阳，蔡公名姓尚流芳。

那知七百余年后，又有人传在括苍。

天柱巍巍只手擎，万人事重一家轻。

世间多少籯金子，谁及先生利济名。

【注释】

作者屠学博，名本仁，字道甫，号莼渚，浙江桐乡人，清嘉庆十年（1805）任丽水县教谕。

建洛阳：指蔡襄在泉州建洛阳桥。见前注。籯金子：将金钱藏入箱笼里的吝啬者。

周学博_{融斋浚}

虹垂蜃吐著清讴，更有坡仙妙笔留。

宝带万金挥只手，而今三绝冠千秋。

【注释】

作者周学博，名浚，号融斋。浙江富阳人，清嘉庆九年（1804）任青田县训导。

清讴：指清亮的歌声。　宝带：喻指济川桥。　三绝：指济川桥上留槎阁之雄伟，苏东坡题匾字之遒劲，陈舜俞咏诗之警拔，号称三绝。

杨女史_{古雪继端}

倾囊不惜万缗钱，利济佳名远近传。

明镜彩虹题句在，好教人识李青莲。

【注释】

作者杨女史，名继端，字明霞，号古雪，四川遂宁人。其夫张问莱在浙为官15年，与梁同书系忘年之交。女史，古代女官名。以知书妇女充任。或对知识妇女的美称。

"明镜彩虹题"句：指水清如明镜，长桥似彩虹，桥柱上有题句。 青莲：唐代诗人李白号青莲居士。

五言律

梁内翰_{山舟同书}

虹梁千百尺，宛宛亘洪川。不惜金如土，从教石作舩。

赋工虽大万，计利亦千年。应笑端明客，徒闻一带捐。

【注释】

五言律：即五言律诗，简称五律，全篇共八句，每句五个字，有仄起、平起两种基本形式，中间两联须作对仗。

作者梁内翰，名同书，字元颖，号山舟。梁同书曾任翰林院庶吉士、翰林院侍讲、日讲起居注官，赐加侍讲学士衔。

虹梁：拱桥，此代指济川桥。 宛宛：指清楚可见济川桥横亘大溪南北。"从教石作舩"句：从此使得筑石为桥成为渡河之舟。舩：同"船"。 端明客：喻指李浚建济川桥是为民识大体的正直聪明之举。

七言律

阮相国^{芸台元}

括郡龙泉占上游，长桥横亘留槎洲。

南通闽客千山路，东达瓯江万里流。

苏老颜亭增胜概，米颠题石仰前修。

卅年倾圮今重修，利济应推第一筹。

【注释】

七言律：诗体名。每首八句，每句七字，每两句为一联，共四联，平仄、对仗及用韵，都有一定格律。

作者阮相国，名元，字伯元，号芸台。江苏扬州人。清乾隆五十四年（1789）进士，曾任浙江巡抚等，晚年官拜体仁阁大学士。相国：明清时对于内阁大学士雅称相国。

颜亭：指苏轼为留槎阁题额。 胜概：非常好的风景或环境。即美景；美好的境界。 米颠：北宋书画家米芾的别号。米芾字元章，以其行止违世脱俗，偶傥不羁，人称"米颠"。

蒋相国^{砺堂攸铦}

披图喜见济川功，百丈飞桥气象雄。

题柱恰当溪涨后，吹箫遥忆月明中。

潆洄水势残金雁，分泻波光落彩虹。

不独洛阳甲天下，标名直与万安同。

【注释】

作者蒋相国，名攸铦，字颖芳，号砺堂，辽东襄平人（今辽宁辽阳市）。

清乾隆四十九年（1784）进士，曾官四川总督、直隶总督、两江总督。

披图：展阅图籍、图画等。溁洄：水回旋貌。金雁：金色的雁。万安：桥名。洛阳桥又称万安桥。

钟总制 云亭祥

题桥名字属斯人，满袖琳琅义定真。

横亘长虹安旅客，摩挲故纸愧吟身。

此心能否清如水，彼岸曾无逮以津。

多少舆徒羞善政，济川巩固祝千春。

【注释】

作者钟总制，名祥，字云亭，镶黄旗人，清嘉庆十三年（1808）进士，嘉庆二十一年（1816）任龙泉知县，后官至闽浙总督。总制：官名，即总督。清朝地方最高长官，统管一省或两三省的军事、行政大权。

斯人：犹斯民。指人民，百姓。琳琅：精美玉石，喻指苏轼题桥名书法字优美。"多少舆徒羞善政"句：意谓多少来往于济川桥的车马徒众，推荐李浚造桥的善举。羞，推荐；进用。例《国语·晋语九》："有武德以羞为正卿。"

李方伯 华陔赓芸

元龙豪气播乡评，未到龙渊识姓名。

手砥狂澜千古少，心存济世万金轻。

骑驴诗老从容过，唱橹艑郎自在行。

何必水边寻醋字，积诚便已感神明。

【注释】

作者李方伯，名赓芸，字生甫，号华陔，江苏嘉定（今上海嘉定区）人，乾隆五十年（1785）进士，曾任处州丞，官至福建布政使。方伯，泛称地方长官。

元龙：指皇帝。乡评：乡里公众的评论。古代选拔人才的重要依据。 骑驴诗老：指骑驴觅诗。据宋阴幼遇《韵府群玉》载："孟浩然尝于灞水，冒雪骑驴寻梅花，曰：'吾诗思在风雪中驴子背上。'" 橹艑郎：摇船的船夫。橹：比桨长而大的划船工具，安在船尾或船旁。艑：大船。

朱观察 见庵文翰

济川宏愿倏完成，百辈行人诵道平。

虚牝黄金休浪拟，彩虹明镜是天生。

义高已薄汉云上，俗美应无牙角争。

展卷故人遗韵在，雪泥鸿爪不胜情。

【注释】

作者朱观察，名文翰，字良甫，号见庵，安徽歙县人，清乾隆五十五年（1790）进士，官至浙江温台处道。观察，清朝官员的名称，对道员的尊称。

倏：极快地，忽然。李浚出资造济川桥一年告成。虚牝黄金：谓白白地浪费金钱。"义高已薄汉云上"句：即义薄云天，形容某个人非常有情有义，正义之气直上高空。角争：角逐争夺。雪泥鸿爪：融化着雪水的泥土上大雁踏过留下的爪印。比喻往事遗留的痕迹。

方刺史 北平维祺

济川遗址渐沉沦，卅载于今见伟人。

身人千秋能振古，手挥万贯不忧贫。

车尘马足讴歌遍，水榭风亭点缀新。

从此灵槎洲畔路，行行何处更迷津。

【注释】

作者方刺史，名维祺，顺天府大兴（今北京大兴区）举人，清嘉庆十五年（1810）任处州知府。刺史，为一州长官的别称。

"济川遗址渐沉沦"句：康熙二十五年（1686），因发大水，济川桥、留槎阁都被冲垮。四十五年（1706），知县金辉移址至崇因寺下重建济川桥。其后经几圮几建，至嘉庆十年（1805），李浚复移旧址重建。 更迷津：形容有了济川桥后，行人再也不用去寻找过河的渡口了。

吴学博瀛舫大中

家风素仰揽天才，善继能教志业恢。

裕后谋深非积粟，济人愿切自轻财。

双溪已载歌声出，三绝行看健笔来。

更有同侪诗句好，落成喜与共追陪。

【注释】

作者吴学博，名大中，号瀛舫。

揽天才：光芒照天之才，形容杰出的人才。《随园诗话》卷十四引清张邦弼诗："折柬招邀酌旧醅，主人原是揽天才。"积粟：谓贮存谷物。此句说富裕以后的谋略并非积聚财物。同侪：是指与自己在年龄、地位、兴趣等方面相近的平辈。追陪：追随；陪伴。

陈学博_{镜帆遇春}

水带留槎日夜翻，听歌匏叶独销魂。

但将宝筏通商旅，不计籯金付子孙。

飞翟千行连屋角，垂虹百丈落溪痕。

情殷利济先生志，目击青山见道存。

【注释】

作者陈学博，名遇春，号镜帆，浙江永嘉人，清道光十一年（1831）任丽水县训导。

匏：乐器名。古笙竽以匏为座，故此类乐器称为匏，与金、石、土、革、丝、木、竹合称为"八音"。　籯：盛物竹器。籯金，满籯的金子，形容财富丰厚。飞翟：济川桥上空飞行的长尾山雉（野鸡）。

陈学博_{慎斋广霖}

曾闻剑气化长虹，桥贯留槎意象同。

只手障澜回地脉，千年利济夺天功。

筑成广厦人难遍，施满祇园事亦空。

惟此洪流无病涉，应教终古仰高风。

【注释】

作者陈学博，名广霖，号慎斋。浙江镇海人，清嘉庆十五年（1810）任龙泉训导。

"障澜回地脉"句：阻挡大水波澜的济川桥，呈现美好的地形环境。地脉：地的脉络。人们讲风水时描述地形好坏时的用词。　筑成广厦二句：造起高大的房屋难以使人都住得上，施予敬奉鬼神也是空的。祇：恭敬。园：旧指历代帝王以及亲王、妃嫔、公主之墓。此处作鬼神解。

陈文学 芸石渠英

万五千缗罄橐倾，不呼将伯助经营。

回澜柱向中流砥，架水虹将匹练横。

人羡挥金如土芥，君标济世大功名。

是真才士兼豪士，跨海文章一举成。

【注释】

作者陈文学，名渠英，号芸石，浙江永嘉人。清嘉庆、道光年间永嘉"友十花楼诗社"成员。

万五千缗二句：用尽口袋里的一万五千金，不求助别人资助。罄：尽其所有。将伯：《诗·小雅·正月》："将伯助予。"毛传："将，请也；伯，长也。"孔颖达疏："请长者助我。"后因以"将伯"称别人对自己的帮助或向人求助。 匹练：形容流水、瀑布、光环等如一匹展开的白练或彩练。练，指丝绸、绸缎等。 土芥：泥土和杂草。比喻卑贱的东西：君视民如土芥。

七言排律

姚内翰 秋农文田

众派争趋一水流，要津自昔数槎洲。

忽闻道路咸传诵，顿觉康庄忘阻修。

跨涧有桥经久圮，济川无力少成谋。

草能束板形先枵，石为冲波势太遒。

七十丈开新涨阔，万千人抱坠渊忧。

木支如小终倾厦，腋聚惟多始制裘。

义举于今谁独任，高风竟尔绝朋俦。

陇西贤裔才超俗，剑水长虹制复周。

深固磐根看砥柱，峥嵘杰构缀层楼。

检囊肯惜缗钱罄，借箸还劳夙夜筹。

米老奇踪欣再睹，坡仙妙笔喜长留。

裁诗好佐行人颂，拟泛双溪作胜游。

【注释】

七言排律：排律的一种，它是由七言律诗扩大而成的，每句七个字，一般在十句以上，往往两句押一韵。

作者姚内翰，名文田，字秋农，号梅漪，归安（今浙江湖州）人，清嘉庆四年（1799）状元，官至礼部尚书。清代称内阁中书为内翰。

众派争趋句：指众多支流水争相汇入大溪。济川无力句：济川桥塌后因无财力而不能谋划重建。枋：涂饰；粉刷。指以草束制成板的形状要先经粉刷。道：强劲；有力。形容大溪水波浪的冲击太大。朋俦：朋辈；伴侣。陇西贤裔：指李浚为陇西李氏家族后人。米老奇踪：书法家米芾的名家真迹。裁诗：作诗。

诗余

徐太守 寅哉秉敬

瓯江千里，数上游胜概，灵槎第一。桥跨双溪经百丈，伟制由来无匹。坡老颜亭，米颠题石，都是名贤迹。卅年倾圮，风流徒令追忆。

顿有利济宏才，障澜巨手，独奋回天力。柱石楼台增壮丽，倒箧倾囊奚惜，车毂安驱，担簦稳步，尽把忧虞释。留槎依旧，几时同看明月。右调百字令

【注释】

作者徐太守，疑是清嘉庆十五年（1810）处州知府徐国才，安徽怀宁人。据词中"顿有利济宏才，障澜巨手，独奋回天力，柱石楼台增壮丽。倒箧倾囊奚惜"句意，指嘉庆十年（1805）李浚独资重建济川桥事。

箧：小箱子，藏物之具。大曰箱，小曰箧。奚惜：因何缘故可惜。车毂：

车轮中心插轴的部分。亦泛指车轮、车辆。担簦：背着伞。谓奔走，跋涉。簦：古代有柄的笠，类似现在的伞。调百字令：即词牌百字令，又称"念奴娇""千秋岁"等，词共一百字，因称之为百字令。

王文学 梅轩廷俊

仙境蓬莱，胜境天台。万山中何处飞来。虹垂草岸，鼍驾兰隈。任上瑶阶，凭玉槛，坐琼台。蟠根仙李，经营惨淡。跨槎溪，鸠工庀材。万金不惜，妙景重开。是补天功，吞海量，济川才。右调行香子

【注释】

作者王文学，名廷俊，号梅轩。

蓬莱：古代中国神话传说中渤海里仙人居住的神山名，常泛指仙境。天台：山名，在浙江省东部天台、宁海、奉化等县市间。风景如画，山峦竞秀，被誉为"山岳之神秀"。山上有隋代古刹国清寺，佛教天台宗发源地。鼍：扬子鳄，产于长江下游。亦称"鼍龙"，俗称"猪婆龙"。鼍驾兰隈句：指桥梁雕刻的鼍龙图案弯弯曲曲。隈：泛指弯曲处。瑶阶：玉砌的台阶。喻美称桥的石阶。凭玉槛，坐琼台句：凭靠玉栏，坐在玉饰的楼台，泛指华丽的楼台。蟠根：谓根脚盘曲深固。指盘曲的根。

步原唱韵 七言律

梅邑侯 神仙大鹤

雁齿桥成拥小洲，天然图画映清流。
一千余步凌波渡，七十三间得月楼。
从此梯航成坦道，不愁风雨困扁舟。
工程巩固谁堪比，捍海横塘镇铁牛。

陇西杰士气如虹，目击槎洲往事空。

才可济川藏国器，情深作楫继家风。

千秋事寄鼍梁外，一举功成鹤镇中。

伫看渡头开胜赏，料争此地是仙宫。

【注释】

作者梅邑侯，名大鹤，字神仙，清嘉庆十年（1805）任龙泉县令。邑侯，即县令。

凌波渡：喻指架在水波急速奔流大溪上长达一千余步的济川桥。得月楼：有"近水楼台先得月"之说，指水边的楼台先得到月光。在济川桥上的廊屋，亦是临水赏月的佳处。继家风：原注"邑西披云桥旧系鹤堂尊人所建"。鼍梁：雕刻有鼍龙纹饰的栋梁。鹤镇：旧志载"黄鹤岭在北廿一都，距县八十里，旧传有仙鹤驻此，因名。晋唐间号黄鹤镇以北。"

张外翰 荔园骏

莫问麟洲与凤洲，大峨醉墨想风流。

古人已化千年鹤，我辈重登百尺楼。

志锐不须裘集腋，才雄何虑壑藏舟。

欢颜寒士俱叨庇，广厦居然量食牛。

怪来未雨又何虹，偃卧波间驾远空。

建柱几曾占醋字，分帆恍似借樵风。

景归蓼影苹香处，兴在联吟赌酒中。

记取灵洲还到寺，题名若个蕊珠宫。

【注释】

作者张外翰，名骏，字信裳，号荔园。浙江海宁人，清乾隆四十五年（1780）进士，官宁波府教授，改处州，在任二十七年。

麟洲与凤洲：《海内十洲记》中提到的洲名。传说为神仙所居之地。 大峨：山名。大峨山为峨眉山的主峰，陡峭险峻，唐代诗人李白有"峨眉高出西极天""蜀国多仙山，峨眉邈难匹"之赞。 裘集腋：集积许多狐狸的腋毛而成为裘衣。比喻集众资以成一事。 壑藏舟：《庄子·大宗师》："夫藏舟于壑，藏山于泽，谓之固矣，然而夜半有力者负之而走，昧者不知也。"王先谦集解："舟可负，山可移。宣云：'造化默运，而藏者犹谓在其故处。'"后用以比喻事物不断变化，不可固守。 欢颜寒士：杜甫《茅屋为秋风所破歌》："大庇天下寒士俱欢颜。"寒士：天下贫穷的百姓。 量食牛：《尸子》卷下："虎豹之驹，未成文而有食牛之气；鸿鹄之鷇，羽翼未全而有四海之心。贤者之生亦然。"后以"食牛"赞美青少年志壮心雄，气概豪迈。济川桥上建有槛房七十三间，此处形容数量之多。 樵风：顺风，好风。 蓼：植物名。蓼科蓼属，一年生草本。多生于水边。茎高一尺余，叶呈披针形，夏秋之际开淡绿或淡红色的小花，全草可往期药。蕊珠宫：道教经典中所说的仙宫。

周外翰 西亭显训

此地何年卧此洲，洲中有阁俯清流。
我家原住双溪水，是境还同八咏楼。
一自长桥遭劫火，惟余古碟傍行舟。
凭谁鞭石重新建，挽木无须策万牛。

青莲后裔气如虹，手挽鼍梁驾碧空。
两浙津梁歌利涉，七闽行旅拜仁风。

桥当剑水分流处，阁耸龙光射斗中。

此举口碑应载道，城西况构岱宗宫。

【注释】

作者周外翰，名显训，字迪功，号西亭，浙江东阳人，清嘉庆十四年（1809）任龙泉县教谕。

八咏楼：在浙江省金华市，南朝时创建。历代文人游此，题咏颇多。南宋李清照曾作《题八咏楼》："千古风流八咏楼，江山留与后人愁。水通南国三千里，气压江城十四州。" 岱宗宫：原注"东岳宫巍峨壮观，亦系鹤堂首建"。光绪《龙泉县志》："东岳宫，在县西四里，咸丰九年重修。前嘉庆间，邑绅李浚于宫后建楼，名啸碧楼，下有'壶天一席'额，俗称壶天亭，颇饶湖山之胜。"

臧学博 爱斋荣棠

六年存想梦汀洲，爱此清溪夹道流。

几许名贤留旧额，无边胜景盖层楼。

看花有约携双屐，载酒何时放一舟。

说道鼍梁新拟驾，不须乌鹊渡牵牛。

长桥久已坠残虹，今忽雕栏接碧空。

千里客星规盛举，一方砥柱挽颓风。

新诗流播溪山外，好事传闻道路中。

伫看桥成还建阁，中流对峙耀琳宫。

【注释】

作者臧学博，名荣棠，号爱斋，浙江长兴人。清嘉庆年间任龙泉县教谕。

汀洲：水中小洲。此指留槎洲。琳宫：仙宫。亦为道观、殿堂之美称。

冯孝廉 花桥元熙

此间毕竟是仙洲，水绕留槎四面流。

旧有渴虹横远岸，今无老蜃陡层楼。

往来空怅晴川树，游览长怀赤壁舟。

幸剩当年题咏富，笔堪扛鼎气吞牛。

龙眠高下气如虹，俯视侪流眼界空。

不惜多金开宝筏，长题高柱识英风。

倦游客到留槎上，乘兴诗传朗咏中。

堪叹人间布施者，解囊虚饰梵王宫。

【注释】

作者冯孝廉，名元熙，号花桥，举人（乡试考取的人）。孝廉是孝顺亲长，廉能正直的意思。明清时对举人的雅称。

晴川：晴天下的江面。唐崔颢《黄鹤楼》诗有"晴川历历汉阳树"句。赤壁舟：苏东坡宋神宗元丰五年（1082）贬谪黄州（今湖北黄冈）时，与朋友们两度月夜泛舟游赤壁，写下了前、后两篇《赤壁赋》。宝筏：佛教语。比喻引导众生渡过苦海到达彼岸的佛法。借指造济川桥以解百姓渡河之难。梵王宫：本指大梵天王的宫殿。泛指佛寺。

周文学_{古香家椿}

竹箭奔湍夹小洲，留槎高阁傍溪流。

四围山色连城树，一带滩声入市楼。

古渡有桥遭劫水，行人如蚁仗扁舟。

欣闻大力将重建，镇压无须用铁牛。

披云旧已驾长虹，又起鼋梁势挟空。

三绝四朝传胜迹，万金一诺继家风。

道通南浦云山外，功在先生掌握中。

伫看桥成千载固，不须移檄向龙宫。

【注释】

作者周文学，名家椿，号古香。

竹箭奔湍：形容大溪水流湍急如飞箭。铁牛：古人治河或建桥，往往铸铁为牛状，置于堤下或桥堍，用以镇水。苏轼《次韵子由送陈侗知陕州》："谁能如铁牛，横身负黄河。"

"披云旧已驾长虹"两句：指李浚祖上曾助修披云桥，今李浚独资重建济川桥。鼋梁：《竹书纪年》卷下："穆王三十七年，伐楚，大起九师，东至于九江，叱鼋鼍以为梁。"后因以"鼋梁"借指帝王的行驾。诗中借"鼋梁"喻指李浚重建济川桥的功绩。

朱明经_{卓雅廷彦}

两岸双溪抱一洲，端然砥柱镇中流。

龙渊乍解先生橐，凤阁重新往日楼。

事比衔泥难塞海，才如拾芥易成舟。

曾看驷马高车过，歌胜齐郊唱饭牛。

入门下马气如虹，高举长桥手欲空。

掷杖投钱仙子迹，乘舆济洧古人风。

豪华早播乡评外，利济应垂邑乘中。

费却一番君大力，会看连步蹑蟾宫。

【注释】

作者朱明经，名廷彦，字卓雅，贡生。

衔泥：燕子衔泥的寓意勤俭节约，积少成多。诗中形容造桥之不易。拾芥：拾取地上的小草，喻指事情不费多大气力就能办到。掷杖投钱：回乡捐钱。乘舆济洧：乘着车辆过洧河。济：渡，过河。洧：古水名。在郑国。

蹑蟾宫：很快考中科举。蹑：快速行走貌。蟾宫：月宫。攀折月宫桂花。科举时代比喻应考得中。

季明经 兰埜建功

半篙新雨涨前洲，有客投鞭驾断流。

两岸溪光通极浦，一天星斗映琼楼。

新词曾过题桥驷，旧约偏停访戴舟。

野叟从兹添逸兴，斜阳古途策归牛。

昨宵天畔挂长虹，若个携来补渡空。

万顷银涛频汩岸，一条宝带欲回风。

波光远映垂杨里，山色全收夕照中。

旧迹传闻今复古，浮槎应贯列星宫。

【注释】

作者季明经，名建功，字兰垫，岁贡生，浙江龙泉人，馆金鳌书院授徒。

极浦：遥远的水滨。琼楼：原指传说中月宫里的宫殿，现形容华美的建筑物。

泪岸：急流波涛拍岸。泪：水流的样子，泪流（急流）。星宫：犹天宫。称地理位置高的宫殿亭台。喻指济川桥上排列着华丽的房屋。

范孝廉 春林炳华

问谁重整古槎洲，陇右家声冠士流。
叠垒旧依千丈岸，成梁低压两层楼。
兴工不藉支矶石，济险何虞上濑舟。
手挽狂澜真巨手，豪情欲贯斗边牛。

英雄吐气便如虹，一出能教驽马空。
公而忘私先代志，积而能散古人风。
双溪桥镇留槎上，千载功归勒石中。
指日落成闲步月，攀跻认作蕊珠宫。

【注释】

作者范孝廉，名炳华，字俊德，号春林。浙江龙泉人，清道光五年（1825）拔贡。

陇右：陇，甘肃省旧时别称，陇右即陇西，是李姓的郡望之一。家声：家庭的名声。矶石：水边突出的岩石或石滩。一作水冲激岩石。濑舟：在急流上的船。攀跻：犹攀登。蕊珠宫：亦省称"蕊宫"。道教经典中所说的仙宫。

王孝廉 杏斋致鳌

当日臞仙作此洲，两溪烟雨挟波流。

绿杨影里虹垂岸，红蓼花间月满楼。

何限繁华频送客，可怜寂寞仅维舟。

大川病涉嗟无渡，怅逐人间万火牛。

何处飞来白玉虹，斜连高阁势凌空。

窗开四面延清巘，月印双溪带晚风。

胜境已湮三绝后，欢声直遍万家中。

陇西有客称豪举，惭愧人人具绛宫。

【注释】

作者王孝廉，名致鳌，字仲芝，号杏斋。浙江龙泉县人，清道光八年（1828）举人。

臞仙：典出《史记·司马相如列传》。司马相如认为传说中的众仙形体容貌特别清瘦，后遂以"臞仙"等借称身体清瘦而精神矍铄的老人。文人学者亦往往以此自称。清巘：翠青的山峰、山顶。绛宫：传说中神仙所住的宫殿。道教称心为绛宫。

周司训 心台允中

龙渊胜地驻芳洲，重建长桥夹岸流。

截水虹光凌画阁，藏云蜃气驾危楼。

溪山浩荡供舒眼，风月萧闲不系舟。

从此济川千古永，云车长得渡牵牛。

长桥跨岸驾长虹，水势汪洋地势空。
龙卧沧波吞夜月，蜃嘘楼阁驾秋风。
白沙翠竹堆洲上，细雨残阳入画中。
极浦从今无病涉，乘槎应许达仙宫。

【注释】

作者周司训，名允中，号心台，浙江龙泉人，廪贡，曾任新昌、定海训导。司训，明清时县学教谕的别称。

危楼：高楼。牵牛：牵牛星。古代牛郎织女爱情故事，从牵牛星、织女星的星名衍化而来。每年的七月七日牛郎织女鹊桥相会。极浦：遥远的水滨。此句喻指地处瓯江上游偏远之地的龙泉从此以后有桥渡河了。

王明经高冈维凤

好景分明白鹭洲，久将桥阁付东流。
但看渺渺双溪水，不见亭亭百尺楼。
遗迹并埋良冶剑，济人谁作巨川舟。
天教此日重经始，槎畔光芒烛斗牛。

长江快睹架长虹，偶一登临眼界空。
杰阁仍留前代迹，新诗好续昔贤风。
由来纪胜名三绝，到此重修日再中。
伫卜落成占利往，乘槎有路问仙宫。

【注释】

作者王明经，名维凤，号高冈，贡生。

良冶剑：指春秋时欧冶子在龙泉铸成龙渊宝剑。快睹：很快看见架起了济川长桥。伫卜：站立桥头占卜得吉辞“利于往来”。

王明经 春台恺

浮来方外小瀛洲，欲济无从怅断流。

槎畔仍规填汉鹊，波心更起阅江楼。

纪闻漫尔夸鞭石，飞渡何须计买舟。

准拟千秋留胜迹，横河长镇铁身牛。

长桥自昔引晴虹，楼阁徒闻势倚空。

草木久迷南北岸，晨昏惟搁往来风。

好音怀我诗篇里，美举非人意料中。

杯酒酬功应有日，富平津上宴新宫。

【注释】

作者王明经，名恺，号春台，浙江龙泉人，清嘉庆十八年（1813）拔贡。

方外瀛洲：传说中神仙居住的仙山。规填汉鹊：指规划造桥。古代民间传说天上的织女七夕渡银河与牛郎相会，喜鹊来搭引渡桥，叫作鹊桥。鞭石：指做事得到神助。晋伏琛《三齐略记》："始皇作石桥，欲过海观日出处。于时有神人，能驱石下海，城阳一山石，尽起立。"后遂以"鞭石"为神助的典故。富平津：古黄河津渡名，在今河南孟县西南、孟津东北，古孟津渡口之一。《晋书·杜预传》载："预又以孟津渡险，有复没之患，请建河桥于富平津。"

刘明经 丹崖鸣岐

谁云吾道付沧洲，济溺今逢第一流。

天上重闻槎泛海，人间新讶蜃嘘楼。

羡君捐带能鞭石，愧我题桥像刻舟。

指日龙渊歌利涉，令人张目失全牛。

壮哉奇伟气如虹，上起飞楼接远空。

溪共清壶临夜月，人争侧帽倚春风。

剑光遥映千林外，野色平分两岸中。

好藉云梯名附骥，此身拟到广寒宫。

【注释】

作者刘明经，名鸣岐，号丹崖，贡生。

刻舟：典故"刻舟求剑"。楚国有一渡江人，他的剑从船上掉入水中，他马上在船上刻划记号，说："这是我的剑掉下去的地方。"船停了以后，他按照他所刻的位置下水找剑。船已经不在原处了，而剑仍在原处，用这种方法找剑，难道不糊涂吗？后用此语来比喻做事偏执，拘泥成法，不会变通。

侧帽：斜戴帽子。谓洒脱不羁的装束。附骥：解释为蚊蝇附在好马的尾巴上，可以远行千里。比喻依附权贵或名人而出名。也说附骥尾。一般用作谦词。

广寒宫：传说唐玄宗于八月望日游月中，见一大宫府，榜曰"广寒清虚之府"。后因称月中仙宫为"广寒宫"。

王文学 式斋型

双溪回住古槎洲，南港多从北港流。

那有长虹垂古渡，空余明月伴孤楼。

我观胜迹惭支厦，人向通津欲济舟。

输与风流李豪士，一番英举气吞牛。

老子名流气若虹，五千道德怅归空。

才标骥足成豪举，金等鸿毛付远风。

叠石地连鳌郭外，问名人在鹤堂中。

桥成缓步垂杨岸，恍入蓬莱第几宫。

【注释】

作者王文学，名型，号式斋。

老子：春秋时思想家，道家学派创始人。一说老子即老聃，姓李名耳，字聃，楚国苦县（今河南鹿邑东）人。曾为周"守藏室之史"（管藏书的史官）。五千道德：即老子著作《道德经》，又称《老子》《五千言》《老子五千文》，是中国古代先秦诸子分家前的一部著作，是道家哲学思想的重要来源。骥足：比喻高才。

林学博 西溪扬 回文

虹垂远岸隔汀洲，空蹙惊湍溪合流。

日映寒沙鼋驾浪，风团峻彩蜃嘘楼。

外檐飞耸齐高塔，中渡危撑停险舟。

其许功成填羽鹊，宫台渐近度星牛。

洲汀隔岸远垂虹，流合溪湍惊蹑空。

浪驾鼋沙寒映日，楼嘘蜃彩峻团风。

塔高齐耸飞檐外，舟险停撑危渡中。

鹊羽填成功许其，牛星度近渐台宫。

【注释】

作者林学博，名扨，字幼谦，号西溪，浙江龙泉人，清乾隆五十九年（1794）举人。

回文：顺读回读均可的同一语句或诗文。例首句"虹垂远岸隔汀洲，空蹑惊湍溪合流。"回读则为"洲汀隔岸远垂虹，流合溪湍惊蹑空。"汀洲：水中小洲，小平地。李商隐《安定城楼》诗："迢递高城百尺楼，绿杨枝外尽汀洲。"此指留槎洲。蹑：踩，踏：《说文》："蹑，蹈也。"

弟古芝霆廪贡

堪挽狂澜是此洲，洲南洲北水分流。

桥连远浦三义路，阁叠齐云百尺楼。

望古空存飞剑渡，感时谁任济川舟。

阿兄说到承先志，为买通津欲卖牛。

斯桥横跨赛晴虹，三十年来一望空。

旧圯仅存波底月，行人长啸渡头风。

恰宜继志披云后，好接留槎到市中。

他日落成登眺处，题名合访米南宫。

苏子寻芳谢朓洲，曾来此地擅风流。

陈公句妙传槎阁，米老书精焕绮楼。

三绝事归东逝水，百年波撼逆行舟。

者番桥复名依旧，何用骑牛更觅牛。

仿佛江城画彩虹，双流之下锁长空。

一时浪掷三千贯，两港溪回百廿风。

地接鼍肩深翠外，人歌鸦背夕阳中。

功成莫笑床头尽，寄傲犹存一亩宫。

【注释】

作者李浚之弟李古芝，名霆。廪贡：指府州、县的廪生被选拔为贡生。亦用以称以廪生的资格而被选拔为贡生者。

"为买通津"句：为了使津渡四通八达（喻指造桥便民渡河）而想要卖掉牛。西汉时渤海郡农民因饥荒而骚乱，宣帝命龚遂为太守，往治其事。遂不用暴力，唯劝导说服。见有带刀持剑者，使卖剑买牛，卖刀买犊。后以卖剑买牛比喻改业归农。此处借以说李浚尽其财造济川桥。旧圮：旧桥，指原有济川桥。圮：桥。《说文》："圮，东楚谓桥为圮。"米南宫：北宋书画家米芾，曾官礼部员外郎，专指六部中的礼部为南宫，因称。"继志披云"句：指李浚继承先人曾造城西披云桥的高尚志气，又在城中心造济川桥。一亩宫：《礼记·儒行》："儒有一亩之宫，环堵之室，筚门圭窬，蓬户瓮牖。"后因以"一亩宫"称寒士的简陋居处。

鹤堂公原唱

十年叹息此灵洲，阁在桥亡水自流。

人欲乘槎游碧汉，我将赤手起层楼。

新图直把金输橐，旧址还因剑刻舟。

差喜监工多暇日，夕阳渡口数归牛。

桥拖两岸跨长虹，阁耸青霄不碍空。

百里直通南北路，一溪横锁往来风。

笛声樵担斜阳外，画意渔灯夜月中。

行过沙堤凭眺处，绿杨阴里水晶宫。

【注释】

作者鹤堂公，即李浚，号鹤堂。1994年版《龙泉县志》载："李浚，字巨川，号鹤堂。城镇人。清嘉庆前后在世。贡生。热心地方公益事业。龙泉济川桥年久失修，嘉庆十年（1805），浚出资重建。拓旧址砌石为墩，高四丈，长七十余丈，宽一丈六尺，桥面铺砖，上盖瓦屋七十三间，中蠹巍阁。嘉庆十一年三月廿七日落成，用工二万八千余个，耗资一万四百余缗（一缗等于铜钱一千文）。备受县民赞颂。翰林院侍讲梁同书、内阁中书端木国瑚等均为其撰记，有《济川桥题赠集》记其事。"民国《学前李氏族谱》记载李浚生卒年为清乾隆十九年（1754）至道光四年（1824）。

碧汉：碧天银汉的合称，即天空。金输橐：用尽口袋里的钱。橐：口袋。如"囊橐充盈"。剑刻舟：用"刻舟求剑"的典故。指在旧址重建济川桥。樵担：柴担子。樵：樵夫，打柴人。水晶宫：传说中龙王居住的地方，由水晶建成，故名水晶宫。

鹤堂公落成自题

灵槎界划双溪水，一水分流迅如驶。

分之复合翻惊泷，屹排桥柱中流砥。

桥名清化昉何年，有宋乃改称济川。

风亭水阁凌虚构，朝锁溪云暮浦烟。

亭宜游憩阁凭眺，轮蹄旦夕常纷扰。

风波不起稳如山，市色村烟此津要。

嗟昔祝融煽虐多，冯夷凭怒不能和。

土木频罹水火劫，安得长虹常卧波。

建而又建圮复圮，两岸束手无继起。

后其继者忽更新，辞阔就隘离旧址。

竹木期成铁石牢，溪身逼窄波滔滔。

伤哉功成不数月，黄金掷牝随奔涛。

我家无力不量已，只手障河妄经始。

立址以旧勿弃基，蚁力负山徒勉尔。

窃闻洛阳蔡忠惠，创造万安济万世。

驰檄到海洵神奇，斯川一线何足计。

凤山高峙龙渊澄，灵洲灵异闻前征。

此桥惟欲代舟楫，文昌又说关废兴。

但愿桥比山河固，舟车安稳如夷路。

亲见雄文题柱多，有人驷马高车过。

【注释】

惊泷：犹激流。昉何年：桥名"清化"是起始于那一年。昉，起始。轮蹄：指车辆、牛马过桥时的车轮轧轧声、牛马的足蹄得得声。市色：城市繁华的景像。村烟：村中炊烟。祝融：传说中帝喾时的火官，其神祝融。冯夷：传说中的黄河之神，即河伯。泛指水神。"辞阔就隘离旧址"句：指清康熙四十五年（1706），曾移址在崇因寺的下首重建济川桥。此处河道较原址窄且有深潭，水深浪滔不利于建桥。黄金掷牝：黄金掷于溪中，比喻白白浪费。牝：溪谷。韩愈《赠崔立之评事》诗："可怜无益费精神，有似黄金掷虚牝。"窃闻洛阳句：私下听说蔡忠惠造泉州洛阳桥的高风亮节。凤山高峙龙渊澄：凤凰山高高耸立，龙渊大溪清激而波涛不兴。驰檄：迅速传送檄文。喻指洛阳桥便利了交通。驷马高车：套着四匹马的高盖车。旧时形容有权势的人出行时的阔绰场面。也形容显达富贵。

续修济川桥题赠集

目录

续修桥记

天下必先有非常之人，然后有非常之事。亦既有非常之事，必重赖有非常之人。曷言之（为何要这样说。曷：为何，为什么），盛事之后难为继。创非常之事难，继非常之事则尤难。语云："莫为之前，虽美弗彰，莫为之后，虽盛弗传。"（此句出自韩愈《与于襄阳书》。意思说：没有人给他引荐，即使有美好的才华也不会显扬；没有人做继承人，即使有很好的功业、德行也不会流传。）。凡事往往然矣。若龙邑之济川桥，毁自乾隆年间，历四十余载，莫膺其事。（没有担当起重建济川桥的重任。膺：担当，接受重任。）。迨嘉庆乙丑，得鹤堂先生出，舍万余金，独力任之，而不以为难，先生固非常人也。人为先生喜，尤为先生虑。乌乎虑，虑难继也。古人有言："厥父基，厥子弗肯堂，矧肯构？"（语见《尚书·大诰》。意思说儿子连房屋的地基都不肯做，哪里还谈得上肯盖房子。后反其意而用之，比喻儿子能继承父亲的事业。）。又云："其父析薪，其子弗克负荷。"（语见《左传·昭公七年》。意思说父辈勤劳，兴家立业，儿子却不能继承父业。析薪：劈柴，喻勤劳立业。弗克：不能。负荷：背东西，喻承受。）此亦势莫如何也。邑人所以深为先生虑，盖莫不兢兢为斯桥危。先生之贤嗣（贤良的后代）玑田司马，念先人缔造之艰，厪未雨绸缪之意，自己丑（1829）迄庚寅（1830），捐赀重葺，费四千一百余金。功甫告竣，辛卯（1831）夏复遭大水，墩屋半付东流。又舍一千六百余金，重砌石墩，竟坦然成之，而又视若无难者。桥于是乎赖（有所依赖），而鹤堂先生之事愈永（时间愈久），而鹤堂先生之功愈彰。若玑田者，继非常之志，承非常之事，其非常正人，人所深望，而未敢遽必者。何父子继美而竟若是乎。其受天锡（上天赐予）而膺朱绂（借指官服。亦指做官）也固宜。余也承乏兹土，登斯桥而缅想其父若子，尝低徊久之，而不能去云。

赐进士出身现任龙泉知县陈镕撰

【意译】

天下必定先有不平常的人，然后才有不平常的事。也就是既然有不平常的事，必定要依赖不平常的人。为何要这样说？因为做一件大事，往往难在后以为继。创建不平常的事难，后来继续完成这不平常的事，就尤其难了。有人说："没有人给他引荐，即使有美好的才华也不会显扬；没有人做继承人，即使有很好的功业，德行也不会流传。"凡事往往都是这样的。像龙泉县的济川桥，自乾隆年间塌毁，经历了四十余年，没有能够得到重建。等到嘉庆十年（1805），遇李鹤堂先生出来，施财万余金，独力负担重建济川桥，就不以为是难事，先生必定是非平常人。人们为先生的这一善举而高兴，更加为先生担忧。担忧什么呢？担忧他难于继续下去。古人说："儿子连房屋的地基都不肯做，哪里还谈得上肯盖房子？"又说："父辈勤劳，兴家立业，儿子却不能继承父业。"说的就是这种情况。龙泉的人们所以深以为先生担忧，莫不是出于对桥能否建成的小心谨慎。先生的贤良后代玑田司马，惦记着先祖创建的艰难，勤于事先做好准备工作，从道光九年己丑（1829）到道光十年庚寅（1830），出资重新修理，花费四千一百余金。工程刚刚竣工，道光十一年辛卯（1831）夏天，又遭大水冲击，一半的桥墩槛屋被冲垮，付之东流。又花费一千六百余金，重新砌造石墩，竟然重现平直广阔，又看起来似乎不以为难。桥于是幸而蒙受，鹤堂先生的善事愈永久，鹤堂先生的功劳愈显著。如先生的后代玑田，继续了不平常的志向，继承了不平常的善事，这正是人人所寄以深切期望的，而不敢马上就达到的。为何父子能如此承继前人之美德！他们得到上天的赐予，从而被任命为官职这是原本应该的。我暂时来龙泉这里任职，登济川桥而缅想他们父子的功绩，曾经徘徊流连好久而不忍离去。

【注释】

作者陈镕，四川涪陵人。清道光十四年（1834）任龙泉知县。

本文记述李浚于嘉庆十年独资重建济川桥；其子李存耕于道光十年、十一年两次出资重新修理被洪水破坏的济川桥，赞扬子继父美德，行不平常的善事。

五言古

熊上舍 岐园占泰

龙渊一溪水，分作两边流。下有济川桥，上有留槎洲。

留槎苦不济，济川长永留。大水累为患，常怀病涉忧。

何为至今日，来往快优游。无复怅厉揭，且堪通车牛。

所赖善继者，重圮复重修。挥金曾不惜，慷慨谁与俦。

父作子为述，绳武绍箕裘。自此成坦道，不用驾轻舟。

利泽深且遍，此德何以酬。惟见熙穰辈，载歌旋载讴。

齐愿昌而炽，燕翼永贻谋。与桥同不朽，长此亘千秋。

【注释】

作者熊上舍，名占泰，号岐园，监生。监生，明清两代称在国子监读书或取得进国子监读书资格的人；上舍，宋代太学分外舍、内舍和上舍，学生可按一定的年限和条件依次而升。明清因以"上舍"为监生的别称。亦对一般读书人的尊称。

不济：谓不渡河。语出《左传·襄公十四年》："使六卿帅诸侯之师以进，及泾，不济。"厉揭：涉水。连衣涉水叫厉，提起衣服涉水叫揭。谁与俦：谁与谁，指李浚父子。俦：作疑问代词，相当于"谁"。绳武：《诗·大雅·下武》："昭兹来许，绳其祖武。"后因称继承祖先业迹为"绳武"。箕裘：《礼记·学记》："良冶之子，必学为裘，良弓之子，必学为箕。"良冶、良弓，指善于冶金、造弓的人。意谓子弟由于耳濡目染，往往继承父兄之业。后因以"箕裘"比喻祖上的事业。 燕翼：《诗·大雅·文王有声》："武王岂不仕，诒厥孙谋，以燕翼子。"陈奂传疏："诒，遗也……言武王以安敬之谋遗其孙子也。"后以"燕翼"谓善为子孙后代谋划。"贻谋"义同"燕翼"。

七言古

陆太守蔡田玉书

子产济人于溱洧，孟子称之为小惠。
徒杠舆梁取次成，布政优优识经纬。
龙泉市外有大溪，上达闽瓯下浙西。
万派千支汇一港，惊涛骇浪津涉迷。
桥名清化伊谁始，天梯石栈盘空起。
中间屡建屡倾圮，创者固难葺岂易。
石泐于水木火焚，六十余年空废址。
地当孔道南北冲，朝来暮往无停踪。
荡舟每虞沉渊虑，徒步常占灭顶凶。
春夏水满洪波巨，秋冬水浅层冰阻。
纷纷两岸行路人，褰裳只唱公无渡。
谁将仙杖叱长虹，谁将飞绋悬太空。
朱提巨万人难舍，遂教久久无成功。
邑中有善士，慷慨尚气义，购木复购石，用财兼用智。
鸠工不须烦鼞鼓，朝来但听丁丁斧。
袤长远引七十寻，修广平横三丈五。
瓦屋雁齿排，高阁鸥头俯，经营一载余，料量忘辛苦。

此桥问自何年成，嘉庆乙丑工沴名。

卧波俨作鼋鼍驾，拾级争驱略彴平。

帆兮舫兮桥下过，襁者襶者桥上行。

迩来二十有余载，谁欤再接再厉乃。

肯构幸有司马公，未雨绸缪防其圮。

四千万缗何足惜，要为前人发光彩。

今夏果然苦梅雨，狂蛟作恶肆冲毁。

修整更费千黄金，三跌二门静以深。

插天螮蝀玉腰阔，跨海鲸鲵金背森。

我怀大范小范公，麦舟持赠两心同。

异地已教思御李，登桥直欲拟登龙。

我因摄篆偶来此，入境芳名早盈耳。

不见长庚见少微，恂恂果是名家子。

推贤表义励俗偷，头衔特晋焕箕裘。

知君有志更绳武，题柱他年衣锦游。

嗟我京兆只五日，埋输挽衣留不得。

此桥须作灞陵看，杨柳疏疏风瑟瑟。

倚鞍为谱大桥行，一曲骊歌当史笔。

斯篇倘荷辀轩采，斯举合与端明匹。

【注释】

作者陆太守，名玉书，字棻田，江苏六合人。清道光间任处州知府。太守，知府的别称。

子产济人二句：郑的大夫子产，用自己乘坐的车子在溱水与洧水帮助别人渡河，被孟子称为是小恩小惠。子产：春秋时郑大夫公孙侨，郑简公十二年为卿，二十三年起执政，治郑多年，有政绩。徒杠舆梁：可供徒步行走的桥梁。经纬：规划治理，比喻条理秩序。石泐于水句：石头被水冲碎裂，木被火焚。泐：石头被水冲激而裂开。褰裳：撩起下裳。鼛鼓：大鼓。古代用于奏乐。麦舟：指宋范尧夫以麦舟助故旧治丧事。长庚：黄昏时出现在西方天空的金星的名称，亦称“太白”。少微：古人称少微星为处士星，唐诗中用以喻指处士。“斯篇倘荷”二句：这篇七言古诗倘若承蒙使臣所采，这一举动说得上是正直聪明。輶轩：古代使臣乘坐的一种轻车，亦作古代使臣的代称。

王邑侯酉山书城

两山之间必有川，剑水山势尤连蜷。
万壑争流会于一，湍激倾泻鸣溅溅。
浸淫广阔七十丈，骇浪颓波消复长。
瓯闽行李于于来，舟楫无功生怅惘。
虹腰忽亘千尺强，谁欤作者前鹤堂。
兼金巨万一挥手，顿教险阻成平康。
帆樯下通亭上覆，黝柱红栏光爚煜。
晨昏风雨人往还，不见川梁见华屋。
群情欣戴皇恩隆，头衔宠锡扬仁风。
义闻至今占利涉，福田自昔歌恒丰。
波撼车驰岁月久，石有时泐木暗朽。
补偏救敝曾几经，赫赫成功匪易守。
我闻善作难善成，清化留槎旧著名。
创造当年岂不伟，迄今怀古空余情。
卓哉巩田善继志，直将公事如家事。

殷勤改作还旧观，事半功全众称异。
何来物忌干天和，淫霖若作蛟腾波。
凌空冲激亦太甚，再修再圮将奈何。
谁知乐善心无斁，志奋工勤不少惜。
岂惟挥霍才偏多，转使规模日加益。
我来正值成功时，登临四望兴遐思。
籯金留贻信不乏，公义慷慨畴如斯。
况复父作子克继，数十年来业成世。
辛勤应不为荣名，缱绻孝思相维系。
因思伟烈推贤豪，不假权势勋尤高。
英风直足传千古，善气奚止冠同曹。
感此心情倍怡悦，狂吟无暇计工拙。
他时志乘登谁先，次第详书告来哲。

【注释】

作者王邑侯，名书城，号酉山，湖南衡山人，清道光十一年（1831）任龙泉知县。

连蜷：形容大溪又长又弯曲。爚煜：光亮鲜明。无斁：无懈怠。

乐文学_{怀谷椿}

我观世人多积金，心劳力瘁岁月深。

又观农人多积谷，每到春来望秋熟。

积金积谷情所同，积德贻谋维李翁。

槎溪波击怒形势，乘风破浪慨如逝。

往者来者阻行程，焉得人人而共济。

翁于斯时心恻然，鸠工庀材祷于天。

不愿家计盈，但期桥工成。

七十三间架崇屋，履道于今歌坦平。

贤哉司马承先志，继起兼克师遗意。

聿修厥德复中兴，人乐其乐利其利。

陈之太史告于朝，天子曰可题旌标。

纶宣叠沛功独超，万古芳贻通济桥。

昨见文孙入饩序，为国分猷定延伫。

将来钟鼎享大烹，积德应教胜积黍。

我亲鸿训熟且详，仰企前贤勖未遑。

中夜起舞志数语，剑川之水泽孔长。

【注释】

作者乐文学，名椿，号怀谷。

聿修：指继承发扬先人的德业。饩序：列入俸禄之序，喻指入官。饩：给养，俸禄。《国语》："生二人，公与之饩。"分猷：犹分谋，分管。延伫：引颈企立。形容盼望之切。勖：勉力，勉励。未遑：意思为没有时间顾及，来不及。中夜起舞：东晋时期将领祖逖，和好友刘琨立志报效国家，他们在半夜一听到鸡鸣，就披衣起床，拔剑练武，刻苦锻炼。后遂以"中夜起舞"指胸怀大志、及时奋发的豪壮气概。

七言绝

张司经_{子文承炳}

事或当仁不畏难，万金挥洒笑谈间。
英雄事业菩提意，抱负经纶此一斑。

【注释】

作者张司经，名承炳，字子文，顺天府大兴（今北京大兴区）人，清道光十五年（1835）前后任处州府经历，十八年（1838）代理龙泉知县。司经局掌经籍、典制、图书、公文的印刷与收藏。经历，明清时官职名，职掌出纳文书。

菩提：佛教音译名，指觉悟的境界。经纶：指治理国家的抱负和才能。

熊上舍_{湘潭占璜}

善创由来贵善因，一番振作一番新。
功同再造垂千古，利济全无病涉人。

长桥驾岸接槎洲，锁钥双溪映碧流。
三十余年人尽济，题舆且复志重修。

【注释】

作者熊上舍，名占璜，字湘潭，浙江龙泉人，府学岁贡。

病涉人：苦于涉水渡河的人。题舆：东汉周景任豫州刺史时，尝辟（授）陈蕃（字仲举）为别驾（官名）。蕃辞不就。景题别驾舆曰："陈仲举座也。"

不复更辟。后遂用作典故，以"题舆"谓景仰贤达，望其出仕。

鲁文学_{瑟波湘}

鼍梁自宋创宏基，倾圮多年建者谁？
只有长庚殷利济，万金挥霍独支持。

子承父志绍箕裘，不惜倾囊着意修。
只柱狂澜磐石固，直教万古障川流。

【注释】

作者鲁文学，名湘，号瑟波。

鼍梁：此代指济川桥。长庚：金星别名，又称太白金星。唐代大诗人李白，字太白。此处以"长庚"代指李浚父子。

五言律

何邑侯_{南屏薇照}

砥柱中流力，高风有几人。浮梁千载利，乔木一家春。
铸剑渊仍广，留槎迹尚新。我惭舆济洧，乐意问前津。

【注释】

作者何邑侯，名薇照，号南屏，安徽桐城人，清道光十四年（1834）任龙泉知县。

浮梁：即浮桥。舆济洧：车辆过河。洧：古水名。 前津：指眼前的济川桥。津：桥梁，例津桥。

周文学_{薇垣诏}

剑水浩无涯，潺潺汩石沙。倾囊怀利济，结构识才华。

飞阁临流回，危桥架木赊。从知功德远，歌颂万人家。

【注释】

作者周文学，名诏，字薇垣。

汩石沙：潺潺的急流水冲来石沙。架木赊：架起很多的木架。赊：多，繁多。

族侄春溪_{逢铨上舍}

一掷轻千贯，长桥几度修。济人通浙闽，尚义绍箕裘。

远近传新事，舆徒忆旧游。愿教虹彩落，万古锁双流。

【注释】

作者族侄，名李逢铨，号春溪，浙江龙泉人，岁贡生。

舆徒：车马徒众。汉·张衡《东京赋》："马足未极，舆徒不劳。"

七言律

雷太守 澹夫学海

义举从来众力擎，伟哉独出任经营。

万缗一掷心何壮，四序重周事竟成。

柱石轮囷真巩固，亭栏覆护复峥嵘。

大观更拓章侯制，如许宏才孰与京。

【注释】

作者雷太守，名学海，字澹夫，顺天府通州人（今北京通州区），清乾隆六十年（1795）进士，清道光三年（1823）任处州知府。

四序重周句：指经过(一年)四季周详严谨的施工，长桥竟造成功了。四序：指春夏秋冬四季。轮囷：指桥墩柱脚硕大而牢固。囷：回旋，围绕。如：囷囷（曲折回旋的样子）；囷轮（轮囷。屈曲的样子）。

黄邑侯 惺园锡祚

长虹百尺势凌虚，控逐鲸波捍里闾。

挥霍万金肩厥任，轻盈一水奠攸居。

留槎久著诗人笔，济洧无劳长吏舆。

宜向中流作砥柱，高风此日有谁如。

【注释】

作者黄邑侯，名锡祚，号惺园，福建闽侯（今福建福州）人，清嘉庆二十五年（1820）任龙泉知县。邑侯，即县令。

凌虚：升向高空或高高地在空中。里闾：里巷；乡里。肩厥任：肩负如大石的重任。厥：作名词，本义为石块。《说文》："厥，发石也。"长吏：

165

称地位较高的官吏。舆：车辆，尤指马车。

张邑侯_{小瀛华远}

辛苦当年一片心，为因行客畏临深。

经营直欲垂千载，资斧何嫌费万金。

虹彩横飞长接路，鼋梁高架下成阴。

愧予欲济无舟楫，空向龙渊浪抚琴。

【注释】

作者张邑侯，名华远，号小瀛，天津人，清道光五年（1825）任龙泉知县。

资斧：利斧。今借作旅费、盘缠。《易·旅》："旅于处，得其资斧。"此处指建桥费用。

姚邑侯_{复斋肇仁}

楼阁高寒一望雄，长虹飞架水西东。

山饶竹木乡关隘，潮涌鱼盐海市通。

保障当年回地运，栽培有客说文风。

临流久免褰裳咏，渔唱樵歌乐意同。

陇西华族旧簪缨，抛掷黄金叱咤成。

大厦时偏支独木，木衣前已厪苍生。

留槎字补苏公迹，清化书传米芾名。

最是年来心慰处，杏花春报一枝荣。

【注释】

作者姚邑侯,名肇仁,号复斋,安徽旌德人,清道光七年(1827)任龙泉知县。

簪缨：古代达官贵人的冠饰。后遂借以指高官显宦。

杨邑侯_{春帆溯沶}

渫洄水抱中流势，一道长虹束剑川。

民乐通衢无病涉，君怀济世有心田。

众擎易举犹堪重，独立能支孰比肩。

勉尔初基俾勿坏，教人长忆老青莲。

【注释】

作者杨邑侯,名溯沶,号春帆,云南云龙人。清道光九年(1829)任龙泉知县。

金邑侯_{香谷旂}

栝苍名胜最龙泉，一道长虹气万千。

清化旧题思米老，留槎高阁忆坡仙。

婆心直欲符通济，只手还教障百川。

载道颂声传姓氏，豪襟应识李青莲。

【注释】

作者金邑侯,名旂,号香谷,满洲人,清道光十年（1830）任龙泉知县。

婆心：慈悲善良的心地。载道：满路。豪襟：豪迈的胸怀。

杨邑侯颐园芳腾

巨川谁建济川功，病涉旋欣利涉同。

骏业不磨扬北阙，鸿题犹在忆南宫。

海涵地负鲸波偃，攘往熙来雁齿通。

好似东桥修勿坏，殷勤留咏识坡翁。

【注释】

本诗作者杨邑侯，名杨芳腾，字颐远，广东平远人。清道光十三年（1833）任龙泉知县。

骏业：宏伟的事业。北阙：古代宫殿北面的门楼，是臣子等候朝见或上书奏事之处。用为宫禁或朝廷的别称。喻指李氏父子造济川桥的宏伟事迹扬名朝廷。攘往熙来：形容人来人往，喧闹纷杂。

陈邑侯蕉堂泰华

云影波光百丈虹，济川原与济时同。

名存剑水新诗卷，梦落瓯江旧钓筒。

我本无才惭季子，君真有志继苏翁。

不须海上鼋梁架，已见中流砥柱功。

【注释】

作者陈邑侯，名泰华，号蕉堂，籍贯不详，清道光十五年（1835）前后任龙泉知县。

傅邑侯 菘泉延焘

桥成南北便行人，济世全凭愿力真。

略彴虹梁观欲壮，琳琅著作等于身。

经营手砥中流柱，利赖心通彼岸津。

更羡达人能继志，高风乔梓足千春。

【注释】

作者傅邑侯，名延焘，字菘泉，广东海阳（今广东潮州）人，清道光十六年（1836）任龙泉知县。

"略彴虹梁观欲壮"句：如虹的木拱桥看起来非常壮观。"高风乔梓"句：李浚父子的高风亮节足以长久留传。乔梓：乔木高，梓木低，比喻父位尊，子位下，因称父子为"乔梓"。

续修自跋

龙邑济川桥，为闽浙要津。旧址向接县治，康熙三十一年（1692），移建寺下（崇因寺东），倾圮数十年，未经建复。每夏编竹为墩（编成竹笼，内置卵石，作为水中的桥墩），架板作桥，水涨桥即颠仆，溺者不可数计。先君鹤堂公，以病涉心伤，于嘉庆十年（1805）舍一万四千余金，重拓旧址，砌石为墩，高约四丈，阔丈六，长七十余丈。中架巨木，上盖瓦屋七十三间。鸠工二载，津渡为之一平。嘉庆廿五年（1820）七月二十二日，洪水为灾，上游竹木蔽江漂来，遂倾倒二洞，流去桥屋八间。兴工重建，用银三百八十余两。递岁小修，不计其数。迄今多年，南岸木榱霉烂，石墩虽坚，而墩上大木渐朽，桥木斜敧（倾斜），几有倾颓之势。耕思先大人经营伊始，曾竭尽心力，方能告成，今复将圮，若甘袖手，毋乃伤吾考（已故的父亲）心。因舍赀重茸，更其朽坏，樑木，承重木加巨，雨旸板易新，他如布槛铺砖，式虽仍旧，工实重新矣。至桥中暨两岸旧有高阁，实壮观瞻，惟四面凌空，木石难傍，未久攲斜，岁修无济。今易以平台楼屋，惟求巩固而已。自道光己丑（1829）十月初九日经始，至庚寅（1830）十二月十三日告竣，费赀四千一百余两，方谓后此庶几长保无恙乎！不料辛卯（1831）五月，连日淫雨，乡庄厄鲛患（指连日大雨上游的乡村发大水为灾），古木横流，波涛奔腾，倾去第五石墩，墩上房屋十五间随石尽付东流。耕至此神几恚矣，但既茸于前，仍弃于后，情难自遣也。重砌石墩，架大木而成之，又舍金一千六百余两。是年兴工于五月二十七日，落成于十二月二十二日也。蒙各大宪（旧时府吏对上司的称呼）恩加奖励，并赐特题，幸邀天眷。耕非敢要嘉誉也，第欲承先志于弗替，云尔。谨赘数言以志颠末。

李存耕跋

【意译】

龙泉县城的济川桥，是来往闽、浙的交通要道。原来的桥址一直与县治前大街相接，康熙三十一年（1692），移建到崇因寺东，倒塌已有数十年，尚未有重建。每到夏天就编竹笼，内置卵石成为桥墩，架上木板作为便桥，一旦大水涨桥，即被冲垮，溺水者众多，不可计数。先父鹤堂公，以百姓苦于涉水渡河悲伤忧心，在嘉庆十年（1805）拿出一万四千余金，重新在原来的桥址，砌石作为桥墩，桥高约四丈，阔一丈六，长七十余丈。桥墩中间架起巨大木梁，桥上盖瓦屋七十三间。聚集工匠造桥二年，渡口成为平坦之道。

嘉庆二十五年（1820）七月二十二日，洪水为灾，上游无数竹木随水漂来，竟冲垮两个桥洞，随大水流去桥屋八间。兴工重建，用去银三百八十余两。历年的小修，就不计其数了。直至今天有多年了，桥南岸的木梁霉烂，石墩虽坚，而墩上的大木梁逐渐腐朽，桥木倾斜，几乎有倾覆的趋势。我想到先父当初造此桥时，曾经竭尽心力，方能告成，今天又将倒塌，怎么甘心袖手旁观，岂非伤害我已逝父亲之心。因此拿出资金重新修葺，更换桥梁腐朽损坏的部分梁木，将承重木加大加粗，挡雨遮阳的木板更换新的，其他如槛屋布铺砖面，式样虽然仍照旧，但工程实际上是重新做的。至于桥中间以及两岸桥头原有的高阁，看起来非常壮观，只是四面凌空，难于傍靠木柱石墩，没有多久就倾斜，年年修理都无济于事。现在改建为平台楼屋，只求坚固不易动摇罢了。自道光己丑（1829）十月初九日开始，至庚寅（1830）十二月十三日告竣工，花费金钱四千一百余两，方才称得上可保此桥之后安然无恙了！

不料辛卯（1831）五月，连日不停的大雨，乡镇村庄遭受洪水灾难，被淹的古木在水中横流，随波涛奔腾而来，冲垮第五个石桥墩，墩上十五间房屋随石尽付之东流。见此状我的精神几乎疲惫。但是既然修葺于前，如果放弃于后，情理上实难宽慰自己。重砌石墩，架大木，桥修建完成，又花费金钱一千六百余两。这年的五月二十七日开工修建，于十二月二十二日落成。承蒙各位上司的恩加奖励，并给予上奏朝廷，幸而得到皇上的恩宠。我并非想要得到美好声誉，只是想继承先父的志向不要更替，如此而已。谨叙述数言，以说明事情的前后经过。

李存耕跋

【注释】

本文作者李存耕系李浚之子。记述了李浚在清嘉庆十年（1805）独资在原址重建济川桥后，李存耕在嘉庆二十五年（1870）、道光十一年（1831）又两次修复被洪水毁坏的济川桥始末，具有丰富的史料价值。

家严（家父，对人称自己的父亲）性嗜学，喜谈诗，庭训（家庭教育）之余，每示昭以学诗法。昭自食饩（指明清时经考试取得廪生资格的生员享受廪膳补贴。即成为廪生）后，负笈担簦（背着书箱，扛着有柄的伞。比喻奔走求学。），从四方士大夫游，十余年。遇善诗者辄师之，逢佳句屡三复之。岁久往来，每见工八韵者，严音律，慎推敲，精遒炼（再三修改提炼）专家亦不复少。第偶谈及古今各体韵，纵有高古过人，终觉方巾大袖（方巾指文人处士所戴软帽，大袖原指皇后嫔妃常服两袖宽大。此处均代指文人）仍不离乎八韵真本相，此心泥乎律，而遂为律所律也。欲求其脱口成章，机如水到成渠，意如破竹解节，运典如春水融冰，行神如秋云托月，离乎法而仍悉合乎法者，乃竟不多得。丁酉（1837）秋，昭以乡闱不偶（乡试未考中），归而侍养，曾以此语达严君，严乃启诗箧，检家藏，以示曰：册中多吾乡诗也，较诸大邦（原指大国，大的州郡、大的都会。此处代指诗词大家）何如乎？昭捧而诵之，乃各大宪（旧时府吏对上司的称呼）暨吾乡诸前辈，投赠先大父建桥及家严修桥各题句。昭捧读册中古今各体，觉鸣金戛玉（形容声调有节奏而响亮好听），一字一珠，向所谓"水到成渠，破竹解节，春水融冰，秋云托月"者，曾远求诸大邦不多得，竟于家藏册中得之焉，何幸如之，何幸如之！遂请命于严君而寿梨枣（旧时刻书多用梨木枣木，古代称书版，此代指刻版刊印成书），不特各大宪之语堪风世，且足征吾乡之吟韵，亦不逊夫大邦也。因梓之，与斯桥永垂不朽云。

道光十有八年嘉平月忠昭编次谨识

【意译】

家父生性爱好学习，喜欢谈论诗词，在家庭教育之余，常给我启示学习作诗的方法。我自考中廪生后，在外地游学，结交四方的士大夫，有十多年。遇到善于作诗者，总是拜师请教，逢有佳句就再三学习。年深月久，每次见到工于诗赋的人，讲究音律，谨慎推敲，精于修改提炼，这方面的专家亦有不少。但偶尔谈及古今各体的韵律，纵有高雅古朴的人，终觉这些文人学者，掌握了八韵的真本相，但心中拘泥于韵律，往往为律而律也。想要能脱口成章，诗思如水到渠成，诗意如破竹解节，运用典故如春水融冰，巧用神思如秋云托月，不拘泥于法而又仍都合乎于法的，居然竟不可多得。丁酉（1837）秋天，我乡试未过，回到家中侍候奉养家父，曾经将上述情况告知父亲。于是父亲开启诗匣，检索家藏的诗册，出示给我看，说："这些诗册中有许多我们家乡的诗，与各位诗词大家相比较，怎么样？"我捧看这些诗篇，有官府官员，以及我们龙泉地方的各位前辈，赠送祖父建桥及先父修桥的各种题词诗句。我捧读诗册中的古今各体，感觉声调有节奏且响亮好听，一个字一珍珠，诗句优美，辞藻华丽，向来所说的"水到成渠，破竹解节，春水融冰，秋云托月"，曾经去远方寻求于各位大家的诗作而不可多得，竟然在家藏的诗册中得到了，怎么如此有幸，怎么如此有幸！于是就请示家父，刻版刊印成册，以能永久保存，不特各位上级官员的诗语可以告示世人，而且足证我龙泉同乡的吟韵，也是不逊于那些诗词大家的。因此付梓刊印，与济川桥一同永远流传。

道光十有八年（1838）腊月忠昭编次谨识

【注释】

作者李忠昭系李存耕之子，李浚之孙。本文记述了清道光十八年（1838），李存耕刻版刊印《济川桥题赠集》的缘起和过程。

此余，先君子（对已故父亲的称呼，此处指李森英的父亲李忠昭。）所手编《济川桥题赠集》也。先君子行诣（行为事迹）入邑乘文学传，生平喜唫咏，尤精古体。壮游四方，与当世贤士大夫交，酬唱诗篇，积久成帙。其墨迹可宝者，则装成卷轴，归以进诸堂上。先大父（此处指已故祖父李存耕）嘉其志，出济川桥题句示之。先君子爱不忍释，亟请编次付梓，并识其颠末焉。尝示余兄弟，曰："是集虽隘而诸体悉备，且先人事迹，赖以不朽，不独可资模楷也。汝曹（你们）有志继起，宜珍藏毋佚。"咸丰戊午（1858），板（指《济川桥题赠集》的刻板）遭劫火，而所藏酬唱诗卷亦亡。先君子（对已故父亲的称呼）叹曰："诗卷之失，无能为也，至题赠集板毁而旧本犹存，汝等其重镌可乎？"余兄弟谨识之弗敢忘。迨光绪丙子（1876）襄纂邑乘（辅助编纂县志），既蒇事（谓事情办理完成），爰乘手民之便，重镌于花雨山房是役也。费廉而工省，余小子何敢自多（自满；自夸）。惟念先大父继志述事。以题赠诸作，谆谆付诸先君子，而先君子复付诸余兄弟，固欲为子孙者，保守流传于弗替也。因谨缀数语，用告来兹（泛指今后）。

光绪四年岁次戊寅仲春月上浣森英谨识

【意译】

此所遗留的是先父所手编的《济川桥题赠集》。先父的品行事迹，记载于《县志·人物·文学传》，生平喜吟咏诗词，特别精于古体诗。怀抱壮志而远游四方时，与当世的贤者士大夫交往，诗篇互相赠答唱和，积久整理成册。其中有墨迹可收藏的，就裱装成卷轴，回家进呈于祖父家。祖父赞许他的志向，取出家藏的济川桥题句给他看。先父看后爱不释手，马上请求将题句编辑整理雕版印行，并记述前后经过。先父曾经将题赠集出示给我们兄弟，说："这个诗集虽然篇幅不大，但古诗的各体都具备，并且所记的先人事迹，赖以永不磨灭，足可以作为我们的楷模了。你们有志继起，宜珍藏不要丢失。"咸丰戊午（1858），《济川桥题赠集》的刻板遭劫火，而所藏酬唱诗卷亦佚。故父亲叹曰："诗卷之失，已无能为力了，至于《题赠集》的刻板被毁，但旧本犹存，你们能据此重新镌刻印行吗？"我们兄弟谨识之不敢忘。到光绪丙子年（1876）辅助修纂县志时，在事情完成后，于是乘便在花雨山房重镌刻版，费用低而且省工，我们怎敢自夸，只是纪念先祖父，继承其愿望记述这件事。以题赠诸作，谆谆托付于先父，而先父又托付于我们兄弟，本意是为子孙后代永久保存流传下来。因谨述数语，以告今后。

光绪四年岁次戊寅（1878）仲春月上浣森英谨识

【注释】

作者系李忠昭之子李森英。本文记述了清光绪四年（1878）李森英兄弟重镌《济川桥题赠集》的缘由和经过。

上浣：唐宋官员行旬休，即在官九日，休息一日。休息日多行浣洗。因以"上浣"指农历每月上旬的休息日或泛指上旬。

特　稿

建议修复中国第一廊桥——龙泉济川桥

毛传书

　　龙泉古城原有一座 200 多米长的古廊桥横跨大溪，连接南北，有七十二间廊屋，非常壮观。可称是中国乃至世界第一廊桥。原址就在今南大桥。清光绪三年（1877）《处州府志》记载："济川桥去（龙泉）县治三百步，跨双溪，枕中流，垂南北两岸，旧名清化，宋何执中（丞相，龙泉人）易今名，米元章（大书法家米芾）书额。"1994 年出版的新编《龙泉县志》记载，桥"历元、明、清倾而复建者数十次。至清嘉庆十年（1805），县人李鹤堂（府志谓李潏）以一万四千余缗（音：民，钱贯）复建济川桥，长七十二丈，广一丈六尺，上有廊屋七十二间"。府志还记载，桥在咸丰八年，又曾毁于兵燹，同治六年重修。这座桥到 20 世纪 30 年代还完好。40 年代初，先是失火，后又遭侵华日军飞机轰炸。到 1949 年中华人民共和国成立，仅残留几个桥墩。对此龙泉百姓痛心疾首。桥毁后几十年都靠渡船过江。1964 年国家投资在济川桥原址建造了一座通汽车的石拱桥，就是南大桥。龙泉人民对共产党、人民政府的德政感激不尽，当时就有人主动捐款资助，以表心意。而今这座桥已经使用了近半个世纪。今日的龙泉古城已今非昔比，南大桥上下方造起了两座现代化的新大桥，南大桥早已不是汽车过江的唯一通道。而且使用了 46 年，继续通汽车也会有安全隐患。鉴于此，当地就有人提过在这座桥上复建古廊桥的意见。笔者对此亦早有想法，并作了详细的资料查证和民意调查，听到的意见都认为这是功在当代、惠及千秋的好事。古城龙泉的历史记忆已经很少了，复建有 72 间廊屋的古廊桥，就会重现已经消失的历史记忆，成为历史文化名城的标志。本人以为现在做这件事正是时候：

1. 承接历史文脉、保护文化遗产的需要。1964 年建的南大桥本身已具文物价值，需要加以保护。在桥上复建廊屋，风格协调，建成后不但保护了旧桥，而且历史就可接到北宋，成为千年古桥的传承。这样，这座老桥就有了新的含义、新的生命，就有了千年历史文化底蕴，桥名就可以叫济川桥了。其价值和意义无可估量。

2. 发展旅游业的需要。历史文化遗产的遗址是宝贵的旅游资源。复建的济川桥，历史就可从宋代写起，会给人无穷的遐想。它将成为龙泉的一大特色景观，可打出"中国第一廊桥"的品牌吸引八方游客，成为丽水市乃至浙江省的一个旅游亮点。我国的四大名楼黄鹤楼、岳阳楼、滕王阁、鹳鹊楼在历史上也是屡建屡毁、屡毁屡建而相传承的。现存建筑除岳阳楼重建于清代外，其余都是 20 世纪 90 年代以后重建的，而今都成了旅游观光胜地。龙泉的济川桥，名气虽没有这些名楼大，但它天下独一无二，有个性，又有地域特色，建成后不但会成为龙泉的地标，而且会成为华夏中国的一个旅游标志，成为人们向往的山水名胜。龙泉的旅游业会由此而增添浓墨重彩的一笔。

3. 传承廊桥技术需要。古廊桥建造技术已列入人类非物质文化遗产保护名录，现在已有成熟的建造技术。可集中当代能工巧匠把复建的济川桥做成"修旧如故"的精品，成为古廊桥建筑艺术传承展示参观之地。借此也给后人留一份文化遗产，其意义重大而深远。

　　总之，复建济川桥无论对传承历史文化、发展旅游产业、展示廊桥艺术都有重要的意义。此外还可作为展示廊桥文化和龙泉古城悠久历史文化的长廊，成为市民休闲特别是夏天纳凉的好去处。这是龙泉仅存的一处可以在原址复建的千年历史人文景观，且有石拱老桥为基础，稍加改造，在上面造 72 间木构廊屋即可。耗资也不会很大，可采用政府拨款和百姓捐资办法筹资。中国人有为修桥铺路捐助善款的美德，让市民有机会在复建的古桥上凝聚一份善心。做这件事，条件具备，投入有限，功德无量。若政府能列入施政的一件实事，必垂誉千古。

原载 2010 年 1 月 20 日《处州晚报》

　　作者毛传书，龙泉人。曾任原丽水市（现莲都区）政协常委、副秘书长、文史委主任。多年来致力于地方历史文化遗产的宣传和保护。

山水古城描画中的重要一笔

林世荣

城市的形象，说到底是文化的形象，如果在描画城市建设的宏图中，每一笔都按该城市的定位，体现文化的理念、特色的彰显和个性的张扬，那么这个城市必定会给远近的人们留下难以消磨的"记忆点"。

龙泉城市的定位已经明确，是"山水古城、文化名城、旅游新城"。我们城市建设的每一笔，都应力图凸显这一定位。近几年，从这一定位出发，我们已描画成功了几大笔，如留槎洲（阁）、欧冶（剑池）公园、华严塔、人民广场等。另外，一些街道的园林小品景点，也都处理得不错。龙渊公园（包括荷花塘）的建设也已列入计划，并绘制了蓝图。龙泉城市的文化品位已有了很大的提高。

今后，需浓墨重彩描绘的一笔落在何处？我从 2007 年春开始，曾在不少场合以书面或口头形式，提出这一笔应该落在济川桥（南大桥）与剑川大桥之间的江滨一带。这一工程包括两大块——

一是恢复济川桥廊桥旧貌（最近亦有龙泉籍在丽水的文化人毛传书发文，建议修复龙泉济川桥）。济川桥建于北宋，旧志载："原名清化，何执中易今名，米芾书额……"济川桥虽几建几圮，但直至民国年间仍有廊桥照片留下。建于北宋，有千年的人文历史，又有宰相命名、大书法家题书的名人效应，这样的廊桥，在全国可能是独一无二的。龙泉有苏轼题名的"留槎阁"，又有米芾题名的"济川桥"，这样的县城历史文化品位，不会很多吧？而且现在恢复，只需在现南大桥桥面上覆盖上廊屋即可，恢复廊桥后，作步行桥，不通车辆，桥内仍按旧貌开七十二间，可以设龙泉地方特色小吃，成为龙泉特色小吃一条街。有一种意见，认为廊桥很好，但是可以另选新址造新廊桥。须知，古代造廊桥是为交通，今天造廊桥是为文化。济川桥恢复廊桥，具有龙泉特有的千年文化传承意义，又省钱；若丢掉原有的古文化遗址，花巨资去造一座新廊桥，即使造得再漂亮，有多大意义呢？

二是在济川桥与剑川桥之间的沿江两岸改造。在南北两岸建错落有致、粉墙黛瓦的徽式房屋，沿江畔种植杨柳。

以上两项工程，都可以用市场经济的办法（廊桥还可吸收市民赞助）解决投资。

工程建成之后，人们立在国际大酒店或剑川桥、棋盘山向西眺望，远山（凤凰山）如黛、高阁（留槎阁）凌云、廊桥卧波；眼前是粉墙黛瓦、杨柳依依、波光粼粼，一幅典雅迷人的江南文化古城画卷就展现在眼前，外地的游人来到龙泉，还不被这迷人的景色勾住吗？

原载 2010 年 7 月 27 日《剑瓷龙泉》

作者林世荣，龙泉人，龙泉地方文史研究专家。曾任龙泉市政协副主席，1994 年版《龙泉县志》主编。

图书在版编目（ＣＩＰ）数据

济川桥文史资料汇释 / 吴锦荣编著 ; 浙江省龙泉市政协文化文史和学习委员会编 . −− 北京 : 中国文史出版社 , 2024. 7. −− ISBN 978−7−5205−4802−1

Ⅰ . U44−092

中国国家版本馆 CIP 数据核字第 2024M3Q154 号

责任编辑：戴小璇　　詹红旗

出版发行：中国文史出版社

社　　　址：北京市海淀区西八里庄 69 号院　　邮编：100142

电　　　话：010− 81136606　81136602　81136603（发行部）

传　　　真：010−81136655

印　　　装：丽水明天出版印务有限公司

经　　　销：全国新华书店

开　　　本：787×1092　1/16

印　　　张：13.5

字　　　数：170 千字

版　　　次：2024 年 10 月北京第 1 版

印　　　次：2024 年 10 月第 1 次印刷

定　　　价：88.00 元